JESPER JUUL

ES GIBT KEINE UNERREICHBAREN JUGENDLICHEN!

JESPER JUUL

ES GIBT KEINE UNERREICHBAREN JUGENDLICHEN!

Wie wir mit unseren Kindern in Beziehung bleiben

UNTER-
STÜTZUNG
WÄHREND
DER
PUBERTÄT

Herausgegeben von Mathias Voelchert

KÖSEL

Sollte diese Publikation Links auf Webseiten Dritter enthalten, so übernehmen wir für deren Inhalte keine Haftung, da wir uns diese nicht zu eigen machen, sondern lediglich auf deren Stand zum Zeitpunkt der Erstveröffentlichung verweisen.

Die Grundlage für dieses Buch sind die Vorträge zum Thema Pubertät, die Jesper Juul anlässlich des familylab-Symposiums im Oktober 2009 gehalten hat und die aus der DVD *Gibt es unerreichbare Jugendliche – oder sind unsere Arme zu kurz*, hrsg. 2010 von familylab.de – die familienwerkstatt, zusammengefasst wurden. Ergänzt wurden diese durch Auszüge aus Vorträgen auf anderen Veranstaltungen und aus Interviews mit Jesper Juul.

MIX
Papier | Fördert gute Waldnutzung
FSC® C014496
www.fsc.org

Klimaneutral
Druckprodukt
ClimatePartner.com/14044-1912-1001

Penguin Random House Verlagsgruppe FSC® N001967

2. Auflage 2023

Umschlag: FAVORITBUERO, München
Umschlagmotiv: © plainpicture.com / Ralf Mohr
Vignetten: © Keya / stock.adobe.com
Verschriftlichung und Vorlektorat: Nuka Matthies
Redaktion: Knut Krüger
Satz: Satzwerk Huber, Germering
Druck und Bindung: GGP Media GmbH, Pößneck
Printed in Germany
ISBN 978-3-466-31199-6
www.koesel.de

Anmerkungen des Herausgebers und der Vorlektorin Nuka Matthies:

Wir haben uns entschieden, in diesem Text durchgängig die weibliche Form zu verwenden, wenn von Personengruppen die Rede ist. Natürlich sind in diesen Fällen immer alle Geschlechter gemeint.

Ausnahme: Der Begriff »Partner« ist für uns trotz seines grammatikalischen Geschlechts (und trotz des auch existierenden Wortes »Partnerin«) gefühlt neutral und wird bei allgemeinen Personengruppen stellvertretend für alle Geschlechter verwendet.

Inhalt

Vorwort

Von Mathias Voelchert

Im Frühjahr 2009 saßen Jesper Juul und ich im Aumeister, einem wunderschönen Münchner Biergarten, zusammen. An diesem Abend wurde die Idee zum ersten familylab-Symposium geboren, das am 19. und 20. Oktober 2009 in der Freiheizhalle in München stattfand. Zu unserer Freude war die Veranstaltung schnell ausverkauft. Im Jahr darauf haben wir die DVD zu diesem Symposium produziert, sie hieß: *Gibt es unerreichbare Jugendliche – oder sind unsere Arme zu kurz.*

Jetzt könnten Sie sich natürlich fragen, warum rund 15 Jahre nach dieser Veranstaltung ein Buch von Jesper Juul zu diesem Thema erscheint. Die einfache Antwort lautet: Weil die Probleme unserer Jugendlichen seitdem weiter zugenommen haben, sei es durch noch größeres Arbeitsengagement ihrer Eltern, sei es durch neue »elektronische Familienmitglieder« oder den Druck in den Schulen, die 80 Prozent ihrer Schülerinnen und Schüler alleinlassen, indem sie fast ausschließlich auf deren Noten fixiert sind.

Sie könnten sich auch die Frage stellen, warum ein Buch zu schwer erreichbaren Jugendlichen Texte und Dialoge mit Eltern enthält, deren Kinder fünf oder acht Jahre alt sind. Darauf habe ich zwei Antworten. Die eine lautet: Wir erleben in den Familienberatungen immer wieder, dass das Verhalten der Jugendlichen in ihrer Kindheit wurzelt. Was bedeutet, dass viele »Probleme«, die in der Pubertät zutage treten, sich über einen langen Zeitraum angebahnt haben. Und natürlich haben die Erwachsenen aus dem nahen Umfeld der Jugendlichen ihren Anteil (wenn auch keine Schuld!) an dieser Entwicklung.

Zweitens beobachten wir, dass Eltern eine Art Erziehungsturbo zünden wollen, wenn sie bemerken, dass ihre jugendlichen Kinder langsam flügge werden und sich allmählich ihrem Einfluss entziehen. Statt auf das zu vertrauen, was sie selbst bereits geleistet haben, versuchen die Eltern quasi im letzten Moment, ihre Kinder doch noch nach ihrem Bilde zu formen.

Jesper Juul formulierte das Ziel des Symposiums folgendermaßen: »Während der letzten zwei Jahrzehnte hat die Welt der Erwachsenen und Experten bestimmte junge Menschen als ›aus pädagogischer Sicht unerreichbar‹ definiert. Medien und Politiker haben sich dieser defensiven Haltung angeschlossen, die an ihrer unprofessionellen Projektion ›Du bist unerreichbar‹ anstatt ›Ich kann dich nicht erreichen‹ leicht zu erkennen ist. Die letztere Formulierung würde den Wunsch ausdrücken, mit diesen jungen, isolierten Jungen und Mädchen irgendeinen produktiven Kontakt herzustellen. Ein Wunsch, der meines Erachtens immer noch in den Herzen und Seelen der Eltern und der professionellen Gemeinschaft vorhanden ist.

Wir haben offensichtlich alle vorhandenen Methoden und Strategien angewandt, die wir kennen, um Jugendliche zu erreichen – und das mit sehr wenig Erfolg. Ich meine, dass dies nach einem neuen Paradigma verlangt – nach einer kompletten Änderung unseres Standpunkts und unserer Haltung. Wenn wir uns nicht trauen, dies zu riskieren, werden wir die gleichen Dinge in veränderter Form wiederholen und dabei scheitern.

Die meisten Experten wissen, dass ›strengere Grenzen‹, ›härtere Bestrafung‹, ›mehr Disziplin‹ und ›unverzügliche Konsequenzen‹ nicht mehr sind als ein politisches Alibi, um unsere Hilflosigkeit zu kaschieren. In der heutigen ›Erziehung‹ stehen Eltern und Pädagogen eine Vielzahl von Methoden zur Verfügung, und wenn wir diese auf ihre Essenz reduzieren, bleiben zwei Gruppen von Erziehenden übrig. Die einen sind überzeugt von der Notwendigkeit, eine Subjekt-Subjekt-Beziehung zu Kindern und Jugendlichen aufzubauen. Die anderen sind davon überzeugt, dass es richtig ist, auf der Basis einer Subjekt-Objekt-Beziehung zu arbeiten.

Wir wollen beide Paradigmen gründlich untersuchen und einen Dialog zwischen ihnen ermöglichen. Junge Menschen sollen dabei ebenfalls zu Wort kommen wie Praktiker, die wissen, wie Erwachsene auf Jugendliche zugehen müssen, um sie zu erreichen. Auf diese Art und Weise hoffen wir, die beiden Positionen deutlicher zu machen, der Diskussion aber auch neue Energie und Optimismus zuzuführen.«

Eines der ersten Bücher, das ich für Jesper Juul herausgebracht habe, hieß *Pubertät. Wenn Erziehen nicht mehr geht*. Das vorliegende Buch *Es gibt keine unerreichbaren Jugendlichen* stellt in gewisser Weise die Fortsetzung des darin angestoßenen Dialogs dar. Des Dialogs der Erwachsenen mit ihrem Erziehungsstil, ihrer Verantwortung, ihrem Handeln bzw. ihrer Untätigkeit. Es soll uns Eltern einen guten Weg weisen, wie wir uns selbst und unsere Kinder und Jugendlichen besser erreichen. Dabei ist es nicht hilfreich, den Jugendlichen ihr angebliches Fehlverhalten unter die Nase zu reiben oder gar hysterisch zu werden. Was hilft, ist der Blick auf die Tatsachen: Ein bestehender Konflikt ist immer eine Momentaufnahme, ist wie der Ausschnitt aus einem Film, dessen Beginn und Fortsetzung wir in diesem Moment nicht sehen. Wir Eltern und Erwachsenen stecken allzu oft voller Zukunftsangst, weil wir dem, was wir geleistet haben, nicht vertrauen. Diese Unsicherheit projizieren wir auf unsere Jugendlichen und schwächen sie damit. Was sie stattdessen brauchen, ist unsere Zuversicht in ihre Fähigkeiten. Unsere Bestärkung »Du schaffst das!«. Was sie nicht brauchen, sind unsere Verzagtheit und Enttäuschung darüber, dass wir ihnen nicht die Väter und Mütter waren, die wir sein wollten.

Falls dies der Fall ist, wäre es jetzt an der Zeit, es zuzugeben. Wir sollten zu unseren eigenen Fehlern und Versäumnissen stehen und auch für sie die Verantwortung übernehmen. Denn als Eltern sind wir immer beteiligt. Nicht schuld, aber beteiligt! Und weil wir das sind, haben wir Einfluss. Nutzen wir diesen Einfluss, indem wir zuerst vor der eigenen Haustür kehren. Das setzt einen neuen Ton in unserer Familie – weg von den Schuldzuweisungen, hin zur Eigenverantwortung. Erst dann können Jugendliche von uns Eltern und anderen Erwachsenen profitieren. Denn in gewisser Weise »ernähren« sie sich von unseren guten Erfahrungen, von unserer Zuversicht, unserer Selbstreflexion und unseren hilfreichen Erkenntnissen. Was es ihnen auch erspart, den schmerzhaften Weg der Selbstverurteilung zu beschreiten.

Wenn es uns Eltern gelingt, aus Erziehung eine gute Beziehung zu unseren Jugendlichen werden zu lassen, dann legen wir damit das beste Fundament für ihre Zukunft. Dann geben wir ihnen das Gefühl, dass sie so sein dürfen, wie sie sind, und wir sie nicht ändern wollen. Dieses Menschenbild tut allen Beteiligten gut. Das heißt nicht, dass wir alles gutheißen müssen, was sie uns anbieten. Doch jeder Mensch braucht Verbündete, vor allem wenn etwas schiefgegangen ist. Wir Eltern sollten die engsten Verbündeten unserer Jugendlichen sein. Dieses bedingungslose Vertrauen bekommen wir von unseren Kindern geschenkt, und wenn wir dabei sind, es zu verspielen, ist es an uns, es zurückzugewinnen. Wie? Das steht ausführlich in diesem wertvollen Buch.

Was Hänschen nicht lernt, lernt Hans nimmermehr, sagt man, doch im Grunde müsste es heißen: *Was Hänschen nicht gelernt hat, das lernt eben Hans*. Wir Eltern brauchen diese Zuversicht ebenso wie das Vertrauen in das, was wir als Erzieher geleistet haben. Denn eines ist sicher: Erziehung findet zwischen den Zeilen und weitgehend nonverbal statt. Erziehung ist Vormachen, Vorleben, Sein. Erziehung ist all das, was wir Eltern im Leben tun. Wie wir miteinander umgehen, wie wir streiten, wie wir uns trennen, wie wir unsere Zuneigung zeigen, wie wir leben. Das ist es, was unsere Kinder aufsaugen und sie dazu verleitet, es uns gleichzutun oder das Gegenteil zu versuchen.

Deshalb ist es umso wichtiger, Jesper Juuls Grundgedanken der Gleichwürdigkeit weiter in die Welt zu tragen. Den Gedanken, dass alle von gleicher Würde sind, aber nicht gleich. Dass die Älteren Verantwortung für die Jüngeren haben. Dass denen, die die Macht innehaben, eine besondere Verantwortung zukommt. Wenn dieser Gedanke der gleichen Würde immer mehr Anhänger findet, sind wir auf dem Weg zu einer besseren Gesellschaft.

Mir ist bei der Arbeit an diesem Buch wieder aufgefallen, was Jesper Juuls Haltung so einmalig gemacht hat: Er hatte keine Agenda für den Klienten; es gab nicht die geringste Verurteilung in seinen Fragen; er hat sich einfach für sein Gegenüber interessiert und wollte wirklich verstehen, wie der andere tickt. Er sagte: »Das Wichtigste sind Neugier und Offenheit.« Getreu seinem Motto: »Hier bin ich, wer bist du?«

In seinen Vorträgen auf dem familylab-Symposium stellte Jesper Juul den Teilnehmerinnen und Zuhörerinnen sein komplettes Wissen zur Verfügung. Ein Wissen, das auf seinen vielfältigen Erfahrungen mit Familien, Schulen und Fachleuten beruhte. Die Ergebnisse sind praxistaugliche Ideen, die wir sofort umsetzen können. Ich kann mir keine bessere Zusammenstellung seiner Werte und Erfahrungen vorstellen. Eine Goldgrube für Eltern!

Ich wünsche Ihnen den größtmöglichen Erfolg bei der Umsetzung dieser Ideen in Ihrer Familie.

Mit den besten Grüßen
Ihr Mathias Voelchert
Gründer von familylab in Deutschland und
dessen Leiter von 2006–2022

Begegnungen auf Augenhöhe

Bevor ich als Familientherapeut tätig wurde, habe ich mit verhaltensauffälligen Jugendlichen und ihren Familien gearbeitet. Und in unserer klinischen Praxis habe ich erlebt, dass alles, was ich als Vater und als Lehrer über Entwicklungspsychologie gelernt hatte, falsch war. Das war kaum zu glauben, aber in meinem Umkreis gab es damals fünfzig, sechzig Personen, die alle dieselbe Erfahrung gemacht haben.

Ich habe dann mit einem mulmigen Gefühl das Buch *Dein kompetentes Kind* veröffentlicht. Davor hatte ich eine gute Freundin um Rat gebeten: »Ich weiß nicht, ob ich den Mut habe, das zu veröffentlichen, weil das ja nur so eine aus meiner Praxis entwickelte Theorie ist. Das ist ja keine Forschung.« Worauf sie entgegnete: »Da kannst du ganz beruhigt sein, die Forschungsergebnisse werden dir bestimmt recht geben.« Und tatsächlich wurde der US-amerikanische Kinder- und Jugendanalytiker Daniel Stern in dieser Zeit zu einem der führenden Spezialisten der empirischen Säuglingsforschung. Mit ihm machte eine neue Generation von Psychoanalytikerinnen auf sich aufmerksam, die sich zum ersten Mal mit zwischenmenschlichen Beziehungen im Allgemeinen beschäftigten und all meine Erfahrungen bestätigen konnten – beispielsweise die Tatsache, dass Kinder kooperieren.

Dann trat die Hirnforschung auf den Plan und entdeckte die Spiegelneuronen.

Was mir persönlich guttat, war der Umstand, dass ich mit vielen Eltern persönlich reden und ihnen erklären konnte, dass ihre Kinder nicht »unmöglich« waren, sondern es nur so aussah. Und dass das Verhalten des Kindes eigentlich ein Geschenk für die Eltern ist. Dieses Geschenk muss man annehmen, auspacken und verdauen – dann geht es allen besser.

Ich habe wohl auch ein gewisses – nicht therapeutisches, sondern pädagogisches – Talent gehabt, das heißt, ich habe den Eltern diese Idee gut verkaufen können. Und mit der Zeit habe ich gelernt, dass sich viele Eltern von einem althergebrachten Dilemma befreit fühlen, wenn sie das hören. Die meisten Eltern denken ja: »Ich will es unbedingt anders machen als meine eigenen Eltern.«

Die Reaktionen von Eltern und Fachleuten haben mir damals sehr den Rücken gestärkt und mich ermutigt, den eingeschlagenen Weg fortzusetzen. Für mich hat diese Arbeit in all den Jahren nichts von ihrer Faszination verloren und ich rede sehr gern darüber, weil sie meine Leidenschaft ist – wie für andere vielleicht die Mathematik. Ein paar Jugendliche haben mir das schön beschrieben. Sie hatten einen Lehrer, der ein begeisterter Mathematiker war: »Er liebt einfach die Mathematik. Und als er gehört hat, dass elf von uns Mathe nicht ausstehen können, hatte er fast Tränen in den Augen und sagte: ›Mein Gott, das ist so ein Schatz, so eine Schönheit! Dass ihr das nicht mitbekommt!‹ Danach hat es bei uns innerhalb von drei, vier Tagen klick gemacht und plötzlich fanden wir Mathe richtig gut.«

Das entspricht meiner Erfahrung, die ich im Verhältnis von Pädagoginnen und Eltern gesammelt habe.

Man sollte auch Erwachsenen auf eine Art und Weise begegnen, wie sie ihren Kindern begegnen sollten – auf Augenhöhe statt zu schimpfen.

Ich glaube, mein Erfolg in Deutschland hängt nicht zuletzt damit zusammen, dass ich nicht schimpfe, den Leuten kein schlechtes Gewissen einrede und keine Schuldgefühle bei ihnen auslöse. Das Konzept der Schuld mag in die Kirche gehören, in der Pädagogik hat es nicht die geringste Berechtigung.

Mein größtes Glück besteht darin, wenn Familien in meine Beratung kommen, deren Mitglieder seit vielen Jahren heillos zerstritten sind, und plötzlich, wie durch ein Wunder, löst sich innerhalb von fünfundvierzig Minuten der Knoten und sie beginnen wieder fruchtbare Gespräche miteinander zu führen – danach wird man süchtig! Das ist so eine Freude! Das ist viel besser, als ein (Be-)Lehrer zu sein!

Wollen wir wirklich starke Kinder?

Die Erwachsenen der letzten Generation haben zwar versucht, ihr Verhalten zu ändern, doch jetzt sehen wir, dass der Wille zu einer nachhaltigen Veränderung nicht stark genug war. Im Grunde wollten Eltern und Erzieherinnen von den Kindern genau dasselbe wie die Generation vor ihnen – sie wollten es nur mit »netteren« Mitteln erreichen, also gaben sie sich freundlich, süß und demokratisch. Doch nach wie vor sollten Kinder gehorchen und sich nett, freundlich und höflich verhalten.

Es gibt ja in Deutschland eine Bewegung, die »Starke Eltern – starke Kinder« heißt. Allerdings frage ich mich und auch die Eltern sehr oft: »Wollen wir eigentlich starke Kinder? Wissen wir überhaupt, wie wir mit starken Kindern umgehen sollen?« Dann zeigt es sich, dass viele Eltern dies nicht wirklich wollen beziehungsweise fürchten, einen hohen Preis dafür zahlen zu müssen.

Erzieherinnen haben natürlich ihre eigenen Vorstellungen, und ohne irgendjemandem zu nahe treten zu wollen, lässt sich konstatieren, dass die Erziehung in unseren Kitas und Kindergärten zu zehn Prozent auf Kompetenz und zu neunzig Prozent auf Moral beruht. Eine Moral, mit der man die Kinder immer früher in ihrem Leben behelligt. Dabei geht es zum Beispiel um Aggression, der man sozusagen ein großes Verbotsschild umgehängt hat. Und neben der Aggression geht es auch mal wieder um Sexualität. Anders ausgedrückt:

Alles, was zur Grundsubstanz des Lebens gehört, wollen wir unseren Kindern am liebsten verbieten. Und wenn wir es ihnen nicht verbieten, dann billigen wir ihnen nur eine schwache Dosis zu.

Wir vermitteln ihnen: »Du darfst nicht unglücklich sein. Mama will keine unglücklichen Kinder haben! Wenn du manchmal ein kleines bisschen traurig bist, ist das in Ordnung, aber das muss reichen.« Oder: »Wütend sein geht leider nicht. Das ist verboten! Irritiert schon, aber nicht wütend. Und keinesfalls schlagen!«

Man verbietet den Kindern diese elementaren Reaktionen und schiebt sich gegenseitig die Verantwortung zu. Die Erzieherinnen behaupten, die Eltern wollten es so. Und die Eltern berufen sich auf die Erzieherinnen und deren angebliche Überzeugung.

Die Macht der Eltern

Innerhalb der alten Polarisierung – autoritäre Erziehung versus Laissez-faire – werden wir keine Antworten auf unsere Fragen finden. Wir müssen hingegen etwas ganz anderes begründen und dabei auf Phänomene bauen, die wir schon ziemlich gut kennen.

Es scheint Erwachsenen immer noch schwerzufallen, den Kooperationswillen ihrer Kinder anzuerkennen.

Kinder wollen ihre Eltern eigentlich immer glücklich machen. Aber für Eltern scheint es schwierig zu sein, ihre Macht aufzugeben. Ich spreche hier von der »oberflächlichen« Macht, die Eltern entscheiden lässt, wann ihr Kind ins Bett muss, ob es ein oder zwei Eis haben darf, weil gerade die Sonne scheint, oder ob es im Tennis- oder im Fußballverein anfangen soll. Eltern – auch Lehrerinnen – sprechen immer nur über diese Art von Macht. Worüber sie aber nie sprechen, ist die unglaublich große Macht, die Eltern aus dem einfachen Grund haben, weil ihre Kinder alles mitmachen.

Hinzu kommt eine Pädagogik, die auf Defizite statt auf Potenziale fokussiert ist – und das ist furchtbar. Ich habe einmal mehrere Tage mit zwölf 17-jährigen Schulverweigernden und ihren Eltern in Norwegen verbracht. Die meisten dieser Jugendlichen hatten enorme Probleme. Man muss allerdings dazusagen, dass die Diagnose »Schulverweigerung« fast immer falsch ist beziehungsweise zu kurz greift. Zunächst wurden sie alle von den Lehrerinnen und vom Schulsystem abgelehnt – erst dann weigerten sie sich, weiterhin zur Schule zu gehen. Diese Jugendlichen hatten alle Probleme mit Mathematik.

Dann haben sie sechs Wochen mit ausgezeichneten Lehrerinnen in einem Camp auf einer Insel verbracht, und neunzig Prozent der jungen Leute haben innerhalb von vier Wochen genauso viel Mathe gelernt, wie andere Kinder im Zeitraum von sechs Jahren. In Anbetracht des ramponierten Selbstbilds dieser Jugendlichen ein wunderbares Ergebnis.

Wir konnten auch feststellen, dass die Eltern – ob sie wollen oder nicht – am Schulerfolg ihrer Kinder beteiligt sind. Die Eltern tragen dazu bei, wenn ihr Kind keinen Erfolg in der Schule hat, und sie tragen dazu bei, wenn es dort erfolgreich ist.

Kindern Raum lassen

Es scheint, als würden wir uns sicherer fühlen, wenn wir den Fokus auf Leistungen und Ergebnisse legen, statt den Kindern Raum zu lassen. Das kenne ich sowohl von Pädagoginnen als auch von Eltern. Dabei wissen die meisten von ihnen genau, wie wichtig es ist, eine persönliche Sprache zu haben, sich durchsetzen zu können, die eigenen Grenzen zu kennen und so authentisch wie möglich zu sein. Das alles sind Kompetenzen, mit denen Kinder geboren werden! Doch leider arbeiten die meisten Eltern hart daran, diese Kompetenzen ihrer Kinder aus dem Weg zu räumen – obwohl sie wissen, dass gerade *sie* lebensnotwendig sind.

Eltern verwenden leider viel Zeit und Energie darauf, ihre Kinder von oben herab zu behandeln und ihnen einzutrichtern, wie man nett und höflich ist: »Sag schön guten Tag!«, »Gib den Leuten die Hand!«, »Sag danke und bitte!«. Da die Eltern von oben aber nur die Haare ihres Kindes und nicht sein Gesicht sehen, erkennen sie nicht, dass diese Anweisungen für das Kind äußerst unangenehm sind. Könnte es seine Gefühle in Worte fassen, würde es vermutlich sagen: »Papa, kannst du bitte einfach ein bisschen warten? Ich bin nicht nur willens, sondern auch fähig, mich so zu verhalten, aber es dauert seine Zeit. Ich möchte das ja gerne tun, weil ich die Erwachsenen in dieser Welt beobachte, und die verhalten sich alle so. Und ich möchte auch gerne dazugehören.«

Aber die Eltern wollen lieber ein Kind ohne Selbstgefühl als eines, das nicht schön »Guten Tag« sagen kann – was den Eltern allerdings nicht bewusst ist, sonst müsste man sie für ihre Ignoranz zur Rechenschaft ziehen. Aber sie machen es automatisch so. Und die Erzieherinnen machen es ebenfalls, weil sie glauben, dass eine solche Erziehung für das Leben enorm wichtig ist. Und deshalb kommen sie mit jedem Ausdruck von Autonomie schlecht zurecht, ob sich dieser nun im »Trotzalter«, während der Pubertät oder davor oder danach zeigt.

Das »Trotzalter«

Wenn ein Kind etwa zwei Jahre alt ist, beginnt seine erste Autonomiephase. Die zweite derartige Phase wird gemeinhin als Pubertät bezeichnet. Beide Phasen haben das Ziel, eine größere Selbstständigkeit zu erreichen. Ich möchte an dieser Stelle die üblichen Fragen beantworten, die mir zu diesem Thema immer wieder gestellt werden.

Warum haben die meisten Kinder ein Trotzalter?

Das haben sie nicht. Was passiert, ist eine natürliche Entwicklung, in der sich ein zweijähriges Kind aus der kompletten Abhängigkeit von seinen Eltern löst und sich zu einem unabhängigeren und separaten Individuum entwickelt. Diese Entwicklung ist im Alter zwischen zwei und drei Jahren besonders intensiv und später erneut in der Pubertät. Was bedeutet, dass die Eltern auf Widerstand stoßen, wenn sie versuchen, diese Entwicklung des Kindes zu verhindern oder zu beeinträchtigen. Diesen Widerstand empfinden manche als »Trotz«. In diesem Alter brauchen Kinder Eltern, die in der Lage sind, sie wertzuschätzen, zu genießen und anzuleiten.

Warum verläuft diese Phase bei manchen Kindern weniger intensiv?

Je mehr die Eltern versuchen, einzugreifen und Grenzen zu setzen, desto mehr Machtkämpfe wird es geben.

Für welche Entwicklungsstufen ist das »Trotzalter« wichtig? Ist es überhaupt wichtig?
Diese Phase ist entscheidend für die Möglichkeit des Kindes, neue Fertigkeiten zu entwickeln, und für die Entwicklung seines Selbstvertrauens und Selbst(wert)-gefühls. Sie ist ebenso wichtig für den Charakter und die Qualität der Beziehung zwischen Eltern und Kind.

Es ist ziemlich einfach, eine Zweijährige zu »brechen«, um sie nett, sanft und gefügig zu machen, aber den Preis dafür werden alle in der Pubertät zahlen. Denn in dieser Phase kommt es vor allem auf folgende Botschaft der Eltern an: Wir lieben dich so, wie du bist, und haben Freude an deinem Dasein.

Ist die Trotzphase bei Mädchen stärker ausgeprägt als bei Jungen? Und wenn ja, warum?
Meiner Erfahrung nach ist das eher eine kulturelle Frage und hängt davon ab, was die Mutter darüber denkt, wie Frauen und Mädchen sein sollten.

Wie lange dauert diese Phase? Können Eltern darauf hoffen, dass sie rasch vorübergeht?
Diese Phase, in der das Kind vieles selber machen will und auf Versuche, sein Verhalten zu regulieren, mit Nein antwortet, dauert ungefähr ein Jahr lang. Als Eltern haben Sie zwei konstruktive Möglichkeiten, die Menge an Kämpfen und Konflikten zu minimieren und das Vertrauen des Kindes in die Führung der Eltern (und anderer Erwachsener) zu stärken. Wenn das Kind

sagt: »Das kann ich selber«, ist die Antwort: »Oh, wie wunderbar! Lass mich wissen, wenn du Hilfe brauchst.« Wenn das Kind »Nein« sagt, dann geben Sie ihm eine Minute oder zwei, und sie werden erleben, dass es seine Meinung ändert. Wenn Kinder nicht Nein sagen dürfen, bleibt ihnen nur der Gehorsam – somit verlieren sie ihre Würde genauso wie die Erwachsenen.

Kann eine ältere Schwester oder ein älterer Bruder einen positiven Einfluss auf das trotzige Kind haben?
Das hängt davon ab, was Eltern unter positiv verstehen. Wenn das ältere Geschwisterkind in dieser Phase »gebrochen« und gefügig gemacht wurde, kann das jüngere dies kopieren. Genießt und praktiziert das ältere Kind seine eigenen Fähigkeiten, dann ist das eine Inspiration für das jüngere Kind.

Können Eltern etwas tun, um die Trotzphase zu vermeiden?
Nein.

Wie sollten Eltern mit ihren Kindern umgehen, wenn es etwas haben will, das es nicht haben darf.
Das ist ein Lernprozess. Sagen Sie Nein, bleiben Sie fest und freundlich. Das wird ein gesundes Kind nicht sofort davon abbringen, für das, was es haben will, zu kämpfen, aber es wird lernen, wann es genug ist, und zwar bevor es in die Schule kommt.

Wie umgehen mit täglichen Ritualen wie Anziehen, Windelnwechseln, Zähneputzen, Ins-Bett-Gehen?
Kinder wollen nicht wie Pakete oder Dinge behandelt

werden. Geben Sie Ihrem Kind eine Chance, mit Ihnen zusammenzuarbeiten. Bleiben Sie auch hierbei fest und freundlich – nicht süßlich und »pädagogisch«!

Das Kind will etwas haben, das einem anderen Kind gehört. Was tun?
Auch das ist wieder ein Lernprozess, der zwei bis drei Jahre lang dauert, bevor das Kind diesen Teil der Wirklichkeit integriert hat. Bleiben Sie fest, freundlich und geduldig.

Soll oder kann man ein Kind zu Hause anders behandeln als in der Öffentlichkeit?
Nein! Wenn das so ist, verliert das Kind das Vertrauen in die Eltern.

Manchmal passiert es, dass Eltern zu heftig reagieren und ihr Kind anschreien. Wie lässt sich das vermeiden?
Machen Sie sich keine Sorgen! Kinder brauchen echte, emotionale und irrationale Menschen um sich. Sagen Sie Ihrem Kind, dass Sie überreagiert haben, und übernehmen Sie die Verantwortung dafür. Und dann vergeben Sie sich selbst!

Sollten Großeltern mit den Kindern genauso umgehen wie die Eltern?
Nein. Kinder brauchen den Einfluss von vielen verschiedenen Arten von Menschen, um erwachsen zu werden und ihre eigene Art und Weise und ihre Werte zu finden.

Haben Sie noch mehr praktische Ratschläge für Eltern, was die »Trotzphase« der Kinder betrifft?
Das größte Problem in dieser Phase sind die negativen Erwartungen der Eltern – genährt durch altmodische psychologische Vorstellungen und eine dementsprechende Berichterstattung in den Medien.

Unsere Kinder sollen zu gesunden Erwachsenen heranwachsen

Es gibt eine Sache, die ich bisher noch niemandem so richtig verraten habe. Ich verfolge mit meiner Arbeit zwei geheime Ziele: Ich möchte, dass wir lernen, mit Kindern und Jugendlichen so umzugehen, dass sie mit neunzehn, zwanzig Jahren mental gesund sind und über große psychosoziale Kompetenzen verfügen. Dies sind meine Ziele, weil ich in meiner Arbeit als Psychotherapeut erfahren habe, dass diese beiden Qualitäten den meisten Menschen fehlen. Und dieser Mangel macht die Menschen krank und beeinträchtigt ihre Beziehungen.

Dabei würde doch jedermann diesen beiden Zielen zustimmen. Nur ist es uns bisher nicht gelungen, sie auf breiter Front durchzusetzen.

Ich möchte gern feststellen, dass unsere bisherige Erziehung in Schulen und Familien in dieser Hinsicht nahezu komplett versagt hat. Wir sind nicht mal in die Nähe der Ziele gekommen, die ich soeben formuliert habe. Ich kenne nur die dänischen Zahlen: Wir haben unter Erwachsenen einen Konsum von legalen Drogen, der Tausende Mal so groß ist wie der Drogenkonsum bei Jugendlichen – über den wir ja so gern reden. Viel zu viele Kinder werden, bevor sie zehn Jahre alt werden, Opfer von verbalen, körperlichen und/oder sexuellen Übergriffen. Und in Deutschland ist es meiner Information nach noch viel schlimmer. Ich könnte diese Aufzählung weiterführen, aber das will ich nicht. Dies alles zeigt, dass es uns als Erziehern nicht gelungen ist, unsere Kinder zu psychosozial kompetenten und mental gesunden Menschen zu machen.

Betrachten Sie die wachsende Unabhängigkeit Ihres Kindes als Geschenk, nicht als Problem.

Was ich unter einem »starken Kind« verstehe, möchte ich anhand eines persönlichen Beispiels erklären. Und dazu muss wie üblich mein Enkelkind Alex herhalten – das habe ich mit allen Großeltern gemeinsam. Mein Enkel war dreieinhalb Jahre alt und damals zu Weihnachten mit seinen Eltern und meiner Mutter in Dänemark. Da meine Frau und ich in Kroatien waren, habe ich an Heiligabend angerufen und zu Alex' Mutter gesagt: »Sag mal dem Alex, dass ich mit ihm reden will.« Als moderne Mutter hat sie daraus gemacht: »Alex, Opa ist am Telefon und möchte gern mit dir reden.« Er hatte gerade fünfundvierzig Geschenke bekommen und natürlich geantwortet: »Nö, ich spiele jetzt.« Daraufhin habe ich seine Mutter gebeten, ihm gegenüber noch einmal zu wiederholen, was ich gesagt habe. Das hat sie gemacht und zu ihm gesagt: »Alex, der Opa sagt, er will mit dir reden.« Es entstand eine lange Pause. Dann hat Alex mit sehr klarer Stimme – und er war dabei vollkommen präsent – entgegnet: »Mama, dann sei so lieb und sag dem Opa, dass er das nicht darf!«

Und ich habe fast geweint, weil das das Weihnachtsgeschenk meines Lebens war! Er hat dreieinhalb Jahre in seiner Familie und ein halbes Jahr in seinem Kindergarten »überlebt«, was nicht einfach ist – und er ist noch immer gesund!

Warum ich mich so enorm darüber gefreut habe? Weil meine Kolleginnen und ich, die wir seit Jahrzehnten auf der ganzen Welt mit verschiedenen Formen der Psychotherapie arbeiten, inzwischen eines gelernt haben:

Das größte Problem von Erwachsenen, die wenig Eigenverantwortung haben und keine konstruktiven Beziehungen führen, ist der Umstand, dass sie nicht Ja sagen können, wenn sie Ja meinen, und nicht Nein sagen können, wenn sie Nein meinen.

Kinder schaffen das von Geburt an – das müssen sie gar nicht lernen. Eltern müssen sich also die Frage stellen: »Will ich so ein Kind oder nicht?« Denn beides zugleich – ein gehorsames und ein gesundes Kind – kann man nicht haben.

In der Paarbeziehung ist es ähnlich. Zwar sind die Zeiten, in denen die Männer von ihren Frauen Gehorsam eingefordert haben, endgültig vorbei. Doch dieses alte Denken: *Ich arbeite den ganzen Tag, und wenn ich nach Hause komme, will ich meine Ruhe haben,* ist immer noch weit verbreitet. Man will sich zu Hause nicht »rumärgern«. Wer aber auf diese Weise allen Auseinandersetzungen aus dem Weg geht, der verzichtet darauf, sich durch Auseinandersetzungen als Mensch zu entwickeln.

Die Angst vor dem Nein der Kinder

Ich habe vor zwanzig Jahren einen deutschen Lehrer kennengelernt, der etwas Wunderschönes gemacht hat: Wenn eine neue Schülerin zu ihm in den Unterricht kam, hat er zu ihr gesagt: »Hallo Leonie, herzlich willkommen! Ich bin dein Deutschlehrer und ich habe eine Frage an dich: Willst du gern Deutsch lernen?«

Immer wenn ich das in einer Gruppe von Lehrerinnen erzähle, schnappen die erst mal nach Luft und sagen: »Aber das geht doch nicht! Und was, wenn die Kinder Nein sagen?!«

Aber es ist eine Tatsache, dass Kinder – vor allem, wenn sie mit der Schule beginnen – unheimlich gern Deutsch lernen wollen. Das ist also nicht das Problem. Die Reaktion der Lehrerinnen verdeutlicht hingegen, wie sehr dieses Nein gefürchtet wird.

Es gibt ja auch Kinder, die mit ihrem Körper Nein sagen. Die fehlen anfangs sporadisch im Unterricht, kommen dann immer seltener in die Schule und bleiben schließlich ganz weg. Doch wir nehmen diese Kinder nicht ernst und interessieren uns nicht dafür, wie es ihnen geht.

In Österreich, Deutschland, Schweden und Norwegen verweigert etwa ein Viertel der Kinder die Schule, und trotzdem tun alle so, als ginge das Problem die Schulen nichts an. Stattdessen die alten Klagen: »Die Jugendlichen von heute sind einfach unmöglich! Die machen, was sie wollen, weil die Eltern ihnen keine Grenzen setzen.« Die Schulen sind in der gesamten Diskussion komplett in die Defensive geraten.

Ich war kürzlich in Zagreb und habe erlebt, wie junge Leute dort ihren Schulabschluss gefeiert haben. Die stellen zu diesem Anlass immer so tolle T-Shirts mit verschiedenen Aufdrucken her, und einer der besten Sprüche war: »I'm your future ... are you scared?« Das fand ich genial, denn genauso ist es: Die Erwachsenen haben unheimlich viel Angst vor ihnen. Die Politikerinnen haben Angst, die Medienleute haben Angst, die Lehrerinnen haben Angst, die Eltern haben Angst – vor diesen unschuldigen jungen Menschen! Ich kann es nicht glauben, aber es ist so.

Freundliche Führung und empathische Begleitung

Keine Gesellschaft und keine Familie ist perfekt. In Deutschland redet man derzeit sehr viel darüber, dass Eltern und Erwachsene im Allgemeinen unbedingt ein positives Vorbild für die Jungen sein sollen. Doch stets als positives Vorbild zu dienen, ist unmöglich! Manchmal mag uns das vielleicht gelingen, doch mit Sicherheit lässt sich nur eines feststellen: Wir sind *immer* Vorbilder, ob wir das nun wollen oder nicht. Und ich glaube, dass die meisten Erwachsenen irgendwann zu der Erkenntnis gelangen, dass sie von schlechten Vorbildern mehr Wertvolles gelernt haben als von den vermeintlich guten.

Die Forderung, dass ich unbedingt ein gutes Vorbild sein muss, ist nur noch eine Tonne mehr Last auf den Schultern der armen Eltern.

Ich bin kein Romantiker. Ich glaube nicht an das glückliche »Naturkind«. Wir wissen ganz genau, dass Kinder Führung brauchen.

Mittlerweile wissen wir aber auch, dass sie in den ersten vier bis sechs Lebensjahren eigentlich nur empathische Begleitung brauchen. Diese Begleitung muss gewissermaßen ein freundliches Gesicht und einen freundlichen Ton haben. Doch den meisten Eltern gelingt es seltsamerweise nicht, einfach entspannt und freundlich zu sein. Die meisten Eltern sind entweder ein bisschen streng und meckern zu viel, oder sie legen sich so einen süßlichen und künstlichen Ton zu, den sie für kinderfreundlich halten.

Viele Menschen glauben ja, dass ich ein großer Kinderfreund bin, aber im Grunde ist das nicht richtig! Ich habe mein ganzes Leben mit Erwachsenen gearbeitet, die Schwierigkeiten mit ihren Beziehungen zu Kindern hatten. Und ich habe das nie für die Kinder gemacht, sondern immer für die Erwachsenen.

Vielleicht haben Sie vor ein paar Jahren von Amy Chua gehört, dieser sogenannten Tigermutter. Ihre Tochter hat mit zwölf Jahren in der Carnegie Hall debütiert, was von Anfang an das Erziehungsziel von Frau Chua gewesen ist. Ihre Familie lebt in Kalifornien, also in einer sehr durchmischten Kultur. Das heißt, ihre Tochter hat das alles mitgemacht, obwohl sie amerikanische, spanische und alle möglichen Schulfreundinnen hatte und genau wusste, dass es in diesen Familien ganz anders zuging.

Kinder opfern ihr Leben für ihre Eltern! Ich sage das ganz nüchtern, weil es eine Tatsache ist. Und was wollen wir Eltern? Dass unsere Kinder rechtzeitig schlafen.

Du lieber Himmel! Das macht mich wütend. Warum liegt unser Blick nicht auf dem Potenzial der Kinder? Auf ihrem riesengroßen Willen zu kooperieren? Stattdessen müssen wir Eltern immer aktiv sein und uns ständig neue Regeln ausdenken.

Was das Schlafverhalten von kleinen Kindern in den ersten anderthalb Jahren ihres Lebens betrifft, können wir inzwischen auf eine über hundertjährige Forschung zurückblicken und haben dazu jede Menge Zahlen. Wir können feststellen, dass es in allen Kulturen dieser Welt – mit Ausnahme von Lappland – so ist, dass 45 Prozent aller Kinder am Abend »rechtzeitig« einschlafen und 55 Prozent eben nicht. Und am nächsten Tag wird es umgekehrt sein. Trotzdem hängen wir dieser fixen Idee an, dass alle Kinder zu einer bestimmten Zeit einschlafen sollen und dass wir furchtbare Eltern sind, wenn das nicht geschieht.

Lappland ist eine Ausnahme, weil die Menschen in Lappland den angeborenen Kompetenzen ihrer Kinder vertrauen. Dort wissen die Leute noch, dass Kinder schlafen wollen, wenn sie müde sind, und essen wollen, wenn sie hungrig sind. Dass sie, wenn sie viel getrunken und gegessen haben, den Drang haben, auf die Toilette zu gehen, und so weiter. Das alles weiß man in Lappland noch.

Hier aber glauben wir, dass wir diese Dinge den Kindern erst beibringen müssen – das ist absurd! Aber wir machen es trotzdem so.

Eigenverantwortung – für Eltern und für Kinder

Erzieherinnen und Eltern konstatieren oft mit einem klagenden Unterton, dass kleine Kinder so viel Aufmerksamkeit einfordern. Womit sie absolut recht haben, denn die Kinder fordern so viel Aufmerksamkeit wie irgend möglich. Auf einer Veranstaltung bin ich einer Mutter von drei Kindern begegnet, die mir Folgendes erzählt hat: »Meine Kinder sind vier, acht und zwölf Jahre alt, und die machen mich kaputt. Ständig konkurrieren sie um meine Aufmerksamkeit, und inzwischen bin ich so erschöpft, dass ich nicht mehr weiß, was ich machen soll!«

Ich habe ganz hinten in meinem Kopf eine Stimme gehört und habe es gewagt, auf diese Stimme zu hören, also habe ich zu der erschöpften Mutter gesagt: »Ich glaube, Sie sollten sehr viel besser auf sich selbst aufpassen.« Die Frau hat den Kopf geschüttelt, aber ihre beste Freundin, die neben ihr stand, musste lachen und hat gesagt: »Das stimmt!«

Nach der Veranstaltung standen wir draußen beisammen, und die Frau hat mich gefragt, was sie jetzt tun soll. Ich habe ihr geantwortet: »Es ist jetzt elf Uhr. Fahren Sie nach Hause, wecken Sie Ihre Kinder auf, setzen Sie sich im Wohnzimmer zusammen und sagen Sie ihnen Folgendes: ›Ab heute ist es so, dass meine Liebe mir allein gehört, genauso wie meine Aufmerksamkeit und meine Zeit. Das alles gehört mir, und ich verteile sie so, wie ich will. Gute Nacht!‹«

Die wenigsten von uns wissen, dass Kinder nicht so viel Aufmerksamkeit brauchen, wie sie einfordern. Sie schaffen es mit viel weniger.

Es ist wichtig, dies einzusehen, weil die Eltern sonst an ihrem Anspruch an sich selbst verzweifeln. Man muss das heute so deutlich sagen, weil die Mütter und inzwischen auch die Väter sich von ihren Kindern auffressen lassen. Das tut den Kindern nicht gut und auch niemandem sonst.

Ab und zu behaupte ich – und wahrscheinlich meine ich es auch so –, dass man alle Bücher über Motivation ruhig verbrennen könnte. Denn es gibt einen Motivator, der größer ist als alle anderen – das ist die Eigenverantwortung. Wenn ich weiß, dass ich selbst für mein Lernen verantwortlich bin, ist das der größte Motivator, den es gibt. Alle Lehrer wissen das genau, und es ist merkwürdig, dass sie sich oft verhalten, als wüssten sie es nicht.

Kinder gehen ja in die Schule, weil sie *wollen* und weil sie *müssen* – weil eine Schulpflicht besteht. Die Schülerinnen und Schüler sollten also innerhalb von ein paar Schuljahren den Sinn darin entdecken. Der Schulbesuch muss für jedes einzelne Kind Sinn machen. Wenn das geschieht, übernehmen die Kinder die Verantwortung. Dann tritt die Schulpflicht in den Hintergrund und im Vordergrund steht der Wille zu lernen. Wenn es nicht geschieht, hat dies ewige Konflikte und Machtkämpfe zur Folge.

Wir glauben bis heute – und werden es morgen vermutlich immer noch glauben –, dass die Lehrerinnen und die Eltern sich in so einem Fall zusammentun und mehr Druck ausüben müssen. Denn das verstehen die meisten von uns unter Motivation: Druck machen. Was bedeutet, dass ich meinem Kind zum hundertsten Mal einschärfe, dass es ohne Ausbildung keine Zukunft in unserer Gesellschaft hat und so weiter und so fort. Aber solche Worte motivieren niemanden, sondern machen Kinder und Jugendliche nur noch einsamer. Und sie motivieren sie allenfalls dazu, sich zu sagen: *Warum rede ich überhaupt noch mit meinen Eltern? Die wiederholen sich andauernd selbst – glauben sie etwa, dass ich blöd bin oder was an den Ohren habe?*

Eltern gestehen sich zu selten ein, dass ihr Druck nichts bringt. Was auch daran liegt, dass sie ihren Kindern nicht vollständig vertrauen. Dabei haben doch auch sie einst im Physikunterricht gelernt, dass Druck Widerstand erzeugt.

Erhöht man den Druck, wächst auch der Widerstand.

Stattdessen sollten sie zu ihren Kindern sagen: »Es tut mir leid, dass ich in Physik so schlecht aufgepasst habe. Jetzt mache ich keinen Druck mehr! Ich übergebe dir hiermit die Verantwortung für deine Bildung und deine Ausbildung. Viel Glück! Ich helfe dir gern und bin da, wenn du mich brauchst.«

Es ist ein Geschenk für Kinder und für Jugendliche zu wissen, dass sie selbst die Verantwortung für ihre Bildung und Ausbildung tragen und sich um ihrer selbst willen darum kümmern dürfen. Nicht, um den Vater stolz oder die Mutter glücklich zu machen.

Zwang und Wahlfreiheit

Wenn sich Kindergärten und Ganztagsschulen nahezu flächendeckend durchsetzen – was man wohl auch in Deutschland erleben wird –, dann werden wir Kinder haben, die vom ersten bis zum fünfzehnten Lebensjahr etwa dreißigtausend Stunden in pädagogischen Zwangseinrichtungen verbringen müssen. Dieser Begriff mag manchen zu radikal erscheinen, soll aber nur zum Ausdruck bringen, dass die Kinder keine Wahl haben! Sie können die Erwachsenen nicht wählen, sie können sich die anderen Kinder nicht aussuchen, sie können nicht über die zeitliche Struktur entscheiden. Dreißigtausend Stunden – können Sie sich das vorstellen? Wir sprechen da über etwas Vergleichbares wie die Lage von Erwachsenen in der frühen Industriegesellschaft. Die wurden zur Arbeit gezwungen, zehn, elf, zwölf Stunden am Tag. Und dann erwarten wir, dass das gut geht. Aber es geht natürlich nicht gut.

Der Bedarf an Sonderschulen wächst explosiv; auch der Bedarf an Nachhilfe, Spezialunterricht und Schulpsychologinnen steigt sprunghaft an. Die Politikerinnen finden das natürlich alles viel zu kostspielig. Die Schulen sagen: »Wir machen es so, wie wir es immer gemacht haben. Und wenn die Kinder nicht mitmachen, müssen sie eben zur Therapie.«

Ich rede ja so oft über Schule, weil ich die bestehende Schulkultur nicht besonders mag. Aber die Lehrenden sind etwas anderes – es gibt Millionen von hervorragenden Lehrenden, die viel mehr Potenzial haben, als sie nutzen dürfen. Wenn man denen sagen würde: »Jetzt könnt ihr eure Arbeit so gestalten, wie ihr wollt«, dann würde sich vieles zum Guten wenden. Alle wissen ja im Grunde, dass an dem herrschenden System etwas nicht stimmt!

Unsere Schulen sind nach wie vor so gestaltet, als sollten dort ausschließlich Arbeiterschaft und nicht Mitarbeitende geformt werden. Als würden wir uns immer noch in der Frühzeit der Industriegesellschaft befinden.

Obwohl die industrielle Gesellschaft des letzten Jahrhunderts schon lange nicht mehr existiert, machen wir immer noch so weiter wie bisher.

Und immer wieder melden sich Leute zu Wort, auch sogenannte Fachleute, die ein Loblied auf die Disziplin singen, als ließen sich dadurch alle Probleme lösen. Fragt man dann nach, was mit Disziplin eigentlich gemeint ist, landet man zuverlässig beim Begriff der Selbstdisziplin. Ohne Selbstdisziplin, heißt es, könne man nicht lernen, was ja eine Binsenweisheit ist. Allzu oft wird Selbstdisziplin mit Disziplinierung verwechselt, was etwas ganz anderes ist.

Kindern Disziplin und Selbstdisziplin abzusprechen, ist eine pauschale Ungerechtigkeit. Vor allem den Jungen wird dieser Vorwurf ja ständig gemacht, aber schauen wir uns mal an, was sie nach der Schule so tun, dann stellen wir fest, dass sie zum Trompetenunterricht, zum Karate- oder Fußballtraining gehen. So viel Selbstdisziplin bringen sie auf – solange sie das Gefühl haben, es freiwillig tun zu können. Wenn wir ihnen hingegen predigen, wie wichtig der Sport für ihre Gesundheit und ihr Sozialverhalten ist, dann können wir sicher sein, dass es mit ihrer Motivation rapide bergab geht.

Mut, Loyalität und Verantwortung

Kinder werden ohne Erfahrung und ohne eigene Geschichte geboren. Sie wissen ja nicht, was wir Erwachsenen alles durchgemacht haben. Sie haben die Generation meiner Eltern nicht gekannt, in der Sätze wie »Kinder soll man sehen, aber nicht hören« gang und gäbe waren. Die Kinder kommen also in die Welt und glauben: *In meiner Familie kann ich sagen, was ich will. Wenn ich Durst habe, kann ich sagen, dass ich Durst habe.* Und wenn sie eingeschult werden, glauben sie, dass es in der Schule genauso ist – bis sie merken, dass sie dort nur funktionieren sollen.

Ich glaube, dass die Haltung der Jugendlichen »I'm your future ... be scared!« genau richtig ist. Richtig, um die Reste der alten Gehorsamskultur beiseitezufegen. Die Phase der überbehüteten Kinder geht hoffentlich langsam vorbei und macht Raum für die Kinder und Jugendlichen, die nicht mehr alles mitmachen und längst überfällige Fragen stellen: »Also ich gehe ja gern zur Schule oder zur Uni, aber könnte ich bitte einen halbwegs qualifizierten Unterricht bekommen? Sie, Herr Professor, haben vor Jahrzehnten drei Bücher geschrieben, die wir jeden Tag lesen müssen. Und auch im Unterricht wiederholen Sie nur das, was in Ihren Büchern steht – werden Sie dafür eigentlich auch noch bezahlt?« So deutlich darf man das bisher ja leider nicht sagen! Aber jetzt kommen diese verhaltensauffälligen jungen Menschen und sagen es trotzdem.

Und genau das brauchen wir als Gesellschaft, weil die Erwachsenen diesen Mut nicht aufbringen. Zumindest finden die Erwachsenen allmählich den Mut, sich wirklich für ihre Kinder zu interessieren, vor allem, falls es diesen schlecht geht. Falls sie Probleme mit den Noten oder den Mitschülern haben, sich in der Schule unwohl fühlen und dort nicht mehr hingehen wollen.

Wenn es *so* ist, braucht ein Kind seine Eltern. Wenn alles gut läuft, braucht es seine Eltern nicht. Dann braucht es eigentlich nur etwas zu essen und ein Dach über dem Kopf.

Wenn das Leben nicht funktioniert, dann braucht ein Kind Eltern, die ihm loyal zur Seite stehen.

Eltern müssen gar nicht unbedingt eine kritische Haltung gegenüber der Schule einnehmen, aber sie müssen ihrem Kind gegenüber loyal sein, nicht der Institution. Dennoch ist es in vielen Familien leider immer noch so, wie es in meiner Ursprungsfamilie war. Wenn ich unglücklich nach Hause kam, hat meine Mutter nie gefragt, ob ich einen schlechten Tag gehabt hätte oder ob es mir nicht gut ginge. Und wenn ich mich über die Ungerechtigkeit eines Lehrers beklagte, hat sie sich sofort erkundigt, was *ich* getan hätte, denn ich könnte ja wohl nicht unschuldig sein. Die Kinder waren immer die Schuldigen – für die Lehrer und für die Eltern.

Die Eltern von heute begreifen allmählich, dass sie immer *verantwortlich* sind, und das ist etwas ganz anderes. Es geht also nicht um einen Paradigmenwechsel, der nun den Eltern die Schuld in die Schuhe schiebt, nachdem man in den letzten dreihundert Jahren den Kindern die Schuld in die Schuhe geschoben hat. Es geht darum, den Erwachsenen zu vermitteln, dass sie endlich die Verantwortung gegenüber ihren Kindern und ihren Schülerinnen und Schülern übernehmen müssen. Alleine schaffen diese es nicht, weil sie die dafür nötige Kompetenz (noch) nicht besitzen.

Ich habe viele Kindergärten vor der Eröffnung darin unterstützt, pädagogische Konzepte zu entwickeln. Und ich habe erlebt, dass die Erzieherinnen, wenn die ersten Kinder kamen, neugierig, offen und interessiert waren. Dass sie die Kinder nach ihren Eindrücken und nach Verbesserungsvorschlägen gefragt haben. Das ist jetzt dreißig Jahre her. Wenn ein Kind heute in einen Kindergarten kommt und es nicht gut läuft, heißt es, das Kind hat ein Problem. Dabei ist die Situation doch die gleiche wie damals. Vor dreißig Jahren wurde das Kind herzlich willkommen geheißen – heute wird es zur Psychologin geschickt. Das kann man nicht wirklich Entwicklung nennen, zumindest keine gute.

Das Traurige ist, dass uns Erwachsenen – Eltern wie Fachleuten – so viel entgeht. Es gibt so viel Kostbares, das die Erwachsenen nicht wahrnehmen, weil sie sich immer in diesem »Über-Erziehungsmodus« befinden, der letztlich dazu führt, dass sie in der Defensive bleiben und sich den Kindern nicht richtig öffnen. Das ist wirklich traurig und wir sollten uns nicht einfach damit abfinden.

Eine neue Kultur des Dialogs

Eine Sozialpädagogin und Familientherapeutin: Wenn ich zwanzig, dreißig Jahre zurückblicke, fällt mir auf, dass die Schwierigkeiten früher erst begonnen haben, wenn Kinder in die Pubertät kamen. Heute haben wir schon vor dem Kindergarteneintritt das Problem, dass Eltern wenig Grenzen setzen können und sehr unsicher sind. Meine Frage ist, welche Antworten das System darauf hat? Denn die Eltern, so scheint es mir, haben heute selbst keine positiven Vorbilder mehr. Mein Ausbilder hat immer gesagt, weise ist man erst, wenn man etwas tut, obwohl einem die Eltern dazu geraten haben. Wenn aber die Eltern keine natürlichen Vorbilder mehr sind, dann frage ich mich, wie wir die Erzieherinnen und Lehrerinnen stärken können? Das ist ja das Wesentliche, weil wir ohne diese Multiplikatorinnen wenig Möglichkeiten haben, eine große Anzahl von Kindern zu erreichen. Als Therapeutinnen können wir ja immer nur Einzelfälle bearbeiten. Aber wie kann sich das System darauf einstellen?

Jesper Juul: Sie haben schon recht, dass viele Eltern heutzutage so unsicher sind, dass sie keine konstruktive Rolle mehr spielen können. Ich erlebe in diesem Zusammenhang leider oft, dass auch Familientherapeutinnen sagen: »Diese Kinder müssen wir individuell behandeln.« Damit verkennen sie jedoch, dass es nicht nur um das Kind geht. Denn wenn es in der fünften, sechsten Klasse Probleme hat, deutet viel darauf hin, dass die ganze Familie Probleme hat. Statt das Kind zum Sündenbock zu machen, sollte man sich lieber mit ihm zusammen um die Kompetenzen der Eltern kümmern.

Es wäre gut, wenn es eine Selbstverständlichkeit wäre, Kinder nicht mehr allein zur Therapie zu schicken, sondern immer mit der ganzen Familie zu sprechen – also auch mit den Vätern! In Deutschland wird Familie ja immer noch so definiert, als würde sie nur aus Müttern und Kindern bestehen. Ich bin ständig im Austausch mit Fachleuten, die mir erzählen, dass sie immer mit der ganzen Familie arbeiten. Aber wenn ich nachfrage, stellt sich heraus, dass das nicht wahr ist, weil sie nur mit den Müttern und Kindern reden.

Wer ein Familienmitglied einzeln behandelt, macht Familientherapie mit verbundenen Augen. Mit offenen Augen kann man das nur machen, wenn sich alle im selben Raum befinden.

Ich glaube, man muss das den Leuten, die immer noch mit Einzelpersonen arbeiten, sehr klar sagen. Es ist oft Zeit- und Geldverschwendung, wenn wir nicht die ganze Familie mit einbeziehen.

Deshalb war ich auch auf diesem Camp mit den Jugendlichen, die nicht mehr zur Schule gehen wollten. In der Regel können diese Jugendlichen problemlos den Stoff bewältigen, in die Schule zurückkehren und dort noch zwei, drei Jahre bleiben – doch wenn sie wieder in ihre Elternhäuser kommen, sind achtzig Prozent des Erfolges weg. Aus diesem Grund haben wir drei Tage lang die Eltern mit einbezogen und nur ein einziges Einzelgespräch geführt.

Denselben Ansatz brauchen wir auch im Gespräch mit Erzieherinnen und Lehrerinnen. Ich habe das schon oft gesagt und wiederhole es gern: Was die Lehrerinnen sowohl an guten als auch an weniger guten Schulen brauchen, ist eine anständige Ausbildung. Da bei ihrer Ausbildung aber vieles im Argen liegt, brauchen sie zumindest fortlaufend qualitätvolle Fortbildungen. Das heißt, wir sollten die Lehrerinnen die nächsten zehn Jahre lang verwöhnen – das meine ich ganz ernst, denn wenn es den Lehrerinnen besser geht als heute, geht es auch unseren Kindern besser. Die Lehrerinnen brauchen also jede erdenkliche Unterstützung.

Ich will nur zwei einfache Fähigkeiten nennen, über die man heute als Lehrerin verfügen sollte: Man sollte vor allem wissen, wie man mit einzelnen Kindern und mit Gruppen von Kindern sinnvolle Dialoge führt. Und man sollte ebenfalls wissen, wie man mit Eltern sinnvolle Gespräche führt. Aber diese Kompetenzen werden in der Ausbildung nicht vermittelt. Letztlich ist das Führen sinnvoller Dialoge genauso ein Handwerk wie Mathematikunterricht. Deshalb sollte es auch Bestandteil der pädagogischen Ausbildung sein.

Wir werden keine Revolution erleben – zumindest nicht mehr in meinem Leben. Eine Revolution wäre es, wenn wir sagen würden: Nächstes Jahr, ab dem ersten April, werden die Schulen für unsere Kinder da sein. Denn solche Schulen haben wir heute nicht.

Derzeit sind unsere Schulen nicht für die Kinder, sondern für unsere Gesellschaft da.

Und meinetwegen ist das schon in Ordnung. Aber dann sollten wir zumindest dafür sorgen, dass es den Erwachsenen in den Schulen gut geht, dass sie sich wohlfühlen, dass sie von Fachleuten regelmäßig Supervision bekommen, dass sie begleitet werden, dass sie wirklich jeden Tag von der Arbeit nach Hause kommen und sagen: »Heute habe ich wieder etwas Gutes über mich gelernt!«

Ein Lehrer: Ich höre Ihnen sehr interessiert zu. Sie hatten eben von dem Lehrer erzählt, der seine neuen Schülerinnen und Schüler erst einmal willkommen geheißen und sie dann gefragt hat, ob sie Deutsch lernen wollen. Und Sie meinten, dass die Kinder normalerweise Ja sagen. In der Pubertät sagen sie meiner Erfahrung nach aber oft Nein. Meine Frage ist, ob der Lehrer an diesem Punkt die Verantwortung übernehmen und die Eigenverantwortung seiner Schülerinnen und Schüler stärken muss? Und wie soll das gehen, ohne zu vermitteln, dass sie Deutsch einfach lernen *müssen*?

Juul: Ich möchte Sie korrigieren: Kein Kind in Deutschland muss mit vierzehn Jahren Deutsch lernen! Das stimmt nicht. Was stimmt, ist, dass Sie als Lehrer versuchen müssen, es ihm beizubringen.

Lehrer: Jetzt bin ich fast versucht, zu sagen: Aber Sie wissen doch, was ich meine! Wie löse ich diesen Konflikt auf? In dem System, in dem ich mich befinde, kann ich natürlich versuchen, die Eigenverantwortung meiner Schülerinnen und Schüler zu stärken. Dennoch komme ich als Lehrer nicht umhin, in der achten Klasse zu vermitteln, dass Ökosysteme zum Stoff des Biounterrichts gehören und die Kinder ihn beherrschen müssen. Haben Sie irgendwelche Vorschläge, wie ich diese beiden Dinge miteinander vereinen kann?

Juul: Dazu habe ich verschiedene Vorschläge, die mit Struktur und Ähnlichem zu tun haben. Ich möchte aber zunächst etwas zur Eigenverantwortung sagen. Die ist wirklich mein Credo, weil ich aus Erfahrung weiß, dass sie funktioniert. Dieser Ansatz erfordert allerdings ein gemeinsames Gespräch von Lehrerinnen, Eltern und Schüler oder Schülerin, bei dem man etwas vereinbaren muss. Man kann zum Beispiel sagen: »Okay, jetzt ist es an der Zeit. Dieses Kind hat so oft Nein gesagt, dass das Risiko besteht, dass sein Verhalten selbstzerstörerisch wird. Deshalb müssen wir – die Erwachsenen um es herum – ihm die Verantwortung zurückgeben.«

Das kann bedeuten, dass die Lehrerin der Schülerin oder dem Schüler sagt: »Ich muss versuchen, dir dieses oder jenes beizubringen …«, und ganz leise hinzufügt: »… aber ich möchte dir auch mitteilen, dass niemand weinen wird, wenn du nicht lernst. Niemand wird sich später daran erinnern. Es gibt niemanden in Berlin, der sich über eine Akte mit deinem Namen beugt und sagt: ›Aha!‹« Das genügt, um den Kindern zu vermitteln, dass es auf sie selbst ankommt.

Wir sollten überhaupt alle viel gelassener und flexibler sein. Zum Beispiel »funktionieren« die meisten pubertierenden Kinder erst ab zehn Uhr morgens – aber wir bestehen darauf, dass die Schule um acht Uhr anfängt.

Das ist doch wirklich dumm. Warum machen wir das? Warum kommen die Lehrerinnen nicht und sagen: »Mein Gott, es ist so eine Freude, die Kinder nachmittags zu unterrichten, dass ich das am liebsten immer tun würde.« Das wäre einfach.

Aber je konsequenter wir versuchen, diese unbeliebten Strukturen durchzusetzen, desto schlimmer wird's. In Dänemark haben wir festgestellt, dass achtzig Prozent der Schülerinnen und Schüler in der zehnten Klasse mit den herkömmlichen Methoden nicht mehr erreichbar sind. Also haben wir den Unterricht umgestaltet und stärker an den Wünschen der Schülerinnen und Schüler orientiert. Und siehe da: Selbst die so unbeliebte Mathematik war plötzlich kein großes Problem mehr. Es gibt also verschiedene Wege, man muss nur den Mut haben, sie auch zu beschreiten.

Zur Frage »Möchtest du gern Deutsch lernen?« will ich noch Folgendes anmerken: Wenn eine Lehrerin einer neuen Schülerin der ersten, zweiten oder dritten Klasse diese Frage stellt, dann hat sie innerhalb von drei Sekunden einen Fan. Und dieses Kind wird sich, wenn es vierzehn Jahre alt ist, wahrscheinlich anders benehmen, als es das ohne diese Frage getan hätte. Sicher kann man da allerdings nicht sein, weil in den Köpfen von Jugendlichen so viele Umbauprozesse stattfinden. Aber auch dafür machen wir die Jugendlichen verantwortlich, obwohl sie nicht die geringste Schuld an diesem notwendigen Umbau tragen.

An unseren Schulen fehlt es komplett an einer konstruktiven Gesprächskultur. Um zu erklären, was ich damit meine, möchte ich Ihnen ein kurzes Beispiel geben: Nehmen wir an, ich unterrichte eine siebte Klasse und habe einen neuen Schüler bekommen. Nach zwei Monaten stelle ich fest, dass ich zu diesem neuen Schüler immer noch keinen Zugang habe. Ich strenge mich an, ich versuche, mit diesem jungen Mann zusammenzuarbeiten, aber es funktioniert einfach nicht. Also lade ich ihn zu einem Gespräch ein und sage zu ihm: »Hör mal, Tobias, wir kennen uns jetzt seit zwei Monaten. Ich habe versucht, einen Draht zu dir zu finden und mit dir zusammenzuarbeiten. Eigentlich habe ich alle Methoden angewandt, die ich kenne.«

Und jetzt kommt der schwierigste Satz: »Aber es ist mir nicht gelungen. Deshalb brauche ich deine Hilfe. Weil ich weiß, dass ich bei dir irgendetwas falsch mache – und ich muss wissen, was das ist.«

Wahrscheinlich wird Tobias darauf antworten: »Ich weiß es nicht.« Dann kann man als Lehrer sagen: »Gut. Ich glaube zwar, dass du es weißt. Aber du kannst gern darüber nachdenken, und du musst ja auch herausfinden, ob du mir überhaupt genug vertraust, um es mir zu sagen. Wir reden also nächste Woche noch mal darüber.«

In der nächsten Woche wird Tobias vielleicht Folgendes sagen: »Sie kritisieren mich immer und Sie brüllen mich immer an.« Woraufhin die meisten Lehrerinnen sich automatisch mit dem Satz zur Wehr setzen: »Das stimmt nicht, dass ich das *immer* mache!«

Lehrerinnen wissen so viel über Pädagogik, aber sie wissen nicht, dass sich Kinder auch mit dreizehn, vierzehn Jahren noch nicht sehr präzise ausdrücken können und gern Wörter wie »immer« benutzen. Als Lehrer könnte ich jetzt sagen: »Okay, das war mir nicht bewusst. Ich werde in nächster Zeit mein eigenes Verhalten beobachten, und wenn ich mehr Hilfe brauche, frage ich dich.«

Sie können mit ziemlicher Sicherheit davon ausgehen, dass ich am nächsten Tag einen Musterschüler vor mir sitzen habe. Und es geht nicht darum, Tobias ein Übermaß an Verständnis entgegenzubringen, besonders nett zu ihm zu sein oder seine schwierigen Familienverhältnisse zu berücksichtigen. Es geht nur darum, eine anständige und verantwortliche Beziehung zwischen dem Du und dem Ich aufzubauen. Das dauert insgesamt vier Minuten und kostet viel weniger Zeit, als sich dauerhaft mit schlechten Beziehungen herumzuschlagen.

Eine Mutter: Ich habe eine Frage aus Sicht einer Mutter. Mein Sohn ist acht Jahre alt, er wird bald neun und hat schon in den ersten sechs Wochen seiner Schulzeit festgestellt, dass Schule nichts für ihn ist. Wir haben einen unglaublichen Leidensdruck, und ich habe gehört, was Sie dazu gesagt haben, aber das hilft mir im Alltag auch nicht weiter. Er hat doch noch so viele Schuljahre vor sich.

Juul: Geht er in die Schule oder geht er nicht in die Schule?

Mutter: Doch, er geht in die Schule, das heißt, körperlich ist er anwesend.

Juul: Können Sie mir ein paar Sätze von ihm sagen? Wie äußert er sich darüber? Was genau stört ihn?

Mutter: Er sagt gar nicht viel dazu. Was wir immer wieder heraushören, ist, dass ihm die Schule zu anstrengend ist. Im Rahmen einer Hausaufgabe hat er mal geschrieben, dass die Schule weniger Stunden haben müsste und mehr Sportunterricht stattfinden sollte. Es ist nicht so, dass die Schule ihn intellektuell überfordern würde. Es ist eher eine mentale Überforderung. All die verschiedenen Eindrücke und Anforderungen, die Kritik der Lehrer – damit ist er überlastet. Wie können wir ihm nur helfen, damit er die nächsten Jahre übersteht?

Juul: Es ist gut möglich, dass er überlastet ist. Und ich glaube, wenn Ihr Sohn das in seinem Alter so deutlich sagt, dann wird er wahrscheinlich recht haben.

Es gibt Kinder, die große Schwierigkeiten haben, sich vor all den Eindrücken und dem vielen Input zu schützen. In ihrem Kopf entsteht dann ein Chaos oder der ganze Körper wird müde.

Die Frage ist, wie die Eltern damit umgehen können, denn viel machen können sie vermutlich nicht. Aber sie können seine Probleme anerkennen und ein offenes Gespräch beginnen: »Wir glauben dir, dass es zu viel für dich ist. Was können wir tun, um dir zu helfen? Sind es zu viele Kinder für dich? Zu viele Lehrerinnen? Worum geht es? Kannst du eine Schule zeichnen, von der du glaubst, dass sie für dich passen würde?«

Dann könnte vielleicht eine sehr offene und empathische Psychologin helfen, die ihn von Anfang an ernst nimmt. Die nicht gleich im Kopf hat, dass er in der Schule besser funktionieren muss, sondern die sich für sein Sein interessiert.

Nicht, dass ich glaube, dass Sie sich nicht für ihn interessieren würden. Aber Sie als Eltern empfinden ja selbst diesen ungeheuren Druck und sind gewissermaßen korrumpiert durch die Tatsache, dass Kinder in die Schule gehen müssen. Aber wenn es irgendeine Person gibt – das kann eine Ergotherapeutin, eine Heilpädagogin oder was auch immer sein –, die sagt: »Okay, jetzt wird es interessant. Jetzt müssen wir nämlich untersuchen, wie wir dich schützen und dir helfen können, dass du deine Eindrücke viel besser sortieren kannst«, dann bin ich mir ziemlich sicher, dass allein diese Wahrnehmung und Zuwendung eine riesige Erleichterung für Ihren Sohn wäre.

Ich glaube, dass er das alles mit großer und bedrückender Intensität erlebt. Das ist keine Haltung gegen die Schule, das hat nichts mit seiner Beziehung zu den Eltern zu tun. Er ist so! Damit muss vor allem er selbst leben. Er muss also lernen, wie man damit leben kann. Und dazu braucht er wahrscheinlich ein bisschen Hilfe von außen.

»Geschwisterrivalität«

Ein Vater: Wir sind eine vierköpfige Familie mit zwei wunderbaren Töchtern. Die ältere Schwester wurde in diesem Herbst zwei Jahre alt, die jüngere wurde im letzten Sommer geboren. Das Problem – oder unsere Herausforderung – besteht darin, dass die Ältere ihre kleine Schwester schlägt. Manchmal so fest, dass das Baby schreit. Das passiert fast täglich und hat sich in unserem Urlaub vor einem Monat noch einmal gesteigert. Dass die Jüngste jetzt ein paar Monate alt ist und immer aktiver wird, macht das Problem nicht kleiner. Sie wird von der Älteren vor allem »attackiert«, wenn sie gestillt wird, auf dem Schoß ihrer Mutter sitzt oder auf dem Boden liegt. Meistens ist das der Fall, wenn ich nicht da bin (ich komme immer sehr spät am Nachmittag nach Hause). Da die Ältere auch noch ein kleines Kind ist, verstehen wir ihre Eifersucht, aber ihr Verhalten können wir nicht akzeptieren. Wir haben versucht, Nein zu sagen, und ihr erklärt, dass sie ihrer Schwester wehtut und sie traurig macht. Wir sagen das mit strenger Stimme, dennoch hat sich ihr Verhalten nicht geändert. Die Ältere beginnt dann meist auch zu weinen oder haut noch einmal zu, wenn wir streng mit ihr sind. Ich habe versucht, ihr Verhalten zu ignorieren, aber das fühlt sich falsch an. Die Ältere sagt mir auch, dass sie ihre Schwester geschlagen hat, wenn ich es nicht selbst gesehen habe. Sie ist es gewohnt, beide Eltern für sich zu haben, und hat offensichtlich Probleme damit, dass die Kleine jetzt unsere Aufmerksamkeit von ihr abzieht. Wir haben versucht, uns als Eltern aufzuteilen, damit die Ältere weiterhin viel Aufmerksamkeit und Zeit bekommt. Wir mussten früher nie besonders streng als Eltern sein, aber was können wir ändern, damit sie aufhört? Ist es nur eine Phase, die vorübergeht?

Juul: Sie sagen, dass sie es gewohnt ist, beide Eltern um sich zu haben, und offensichtlich Probleme damit hat, dass die Kleinere jetzt auch Aufmerksamkeit bekommt. Dass sie versuchen, sich als Eltern aufzuteilen, um der Älteren weiterhin viel Aufmerksamkeit und Zeit zu geben. Das ist ein schöner Gedanke, aber leider unmöglich. Dieser Konflikt geht nämlich um viel mehr als nur um Zeit und Aufmerksamkeit.

Wenn ein Geschwisterkind geboren wird, erlebt der große Bruder oder die große Schwester einen plötzlichen Verlust.

Ihre Tochter hat, einfach gesagt, fünfzig Prozent von dem verloren, was ihr von ihren Eltern bisher zur Verfügung stand. Man stelle sich vor, ein erwachsener Mann käme eines Tages mit einer neuen Frau nach Hause und verlangt, dass sie von nun an zu dritt weiterleben – glücklich und mit gegenseitigem Verständnis füreinander.

Die Reaktion Ihrer Tochter ist Aggression – genauer gesagt, ein Cocktail aus Trauer, Schmerz, Wut und dem Gefühl, nicht wertvoll zu sein –, was sich in aggressivem Verhalten oder verbalen Äußerungen ausdrückt. Kinder kooperieren mit ihren Eltern in dem Sinn, dass sie das Verhalten der Eltern nachahmen und alles tun, um sich an die Bedürfnisse und Wünsche der Eltern anzupassen – die bewussten und die unbewussten.

Während Ihrer Schwangerschaft mit Ihrer Jüngsten war Ihre Tochter umgeben von Eltern und anderen Erwachsenen, die ihre freudigen Erwartungen im Hinblick auf das neue Familienmitglied zum Ausdruck gebracht haben. Sie hat so gut wie möglich versucht, diese Gefühle zu ihren eigenen zu machen, obwohl ihre Fähigkeiten, die Vorgänge zu verstehen und sich ihr Leben mit einer Babyschwester vorzustellen, sehr begrenzt sind. Als diese Erwartungen nach der Geburt in Freude, Glück und Liebe explodierten, hat sie versucht, auch mit diesen Gefühlen zu kooperieren – wahrscheinlich unter starker und ständiger Ermunterung durch die Eltern, Großeltern, Freunde und Nachbarn, die in den ersten Wochen zu Besuch kamen. Lauter Erwachsene, deren Verhalten nur eine einzige Botschaft vermittelte: Pure Freude und Liebe für das neue Baby!

Sosehr Liebe und Fürsorge ein Geschenk für das Neugeborene ist, so macht sie das Leben für die Ältere schwerer. Sie hat den inneren Drang, so zu fühlen wie die Erwachsenen, doch fühlt sie zugleich etwas ganz anderes, das sonst niemand fühlt.

In den ersten Jahren ihres Lebens hat sie die Gegenwart, das Mitgefühl, die Aufmerksamkeit und Bereitschaft ihrer Eltern, auf ihre Bedürfnisse zu reagieren, als Liebe verstanden. Nun – aus heiterem Himmel – bekommt sie plötzlich weniger von all diesen Dingen und muss sie mit einem Baby teilen. Daher fragt sie sich, ob sie noch geliebt wird.

Ihr großes Dilemma besteht darin, dass sie einen gigantischen Verlust erfahren hat und niemand außer ihr selbst das zu erkennen scheint. Daher muss sie mit diesem Verlust allein fertig werden. Die meisten Kinder schaffen das innerhalb von ein paar Monaten, obwohl sie als eifersüchtig beschuldigt, korrigiert und gemaßregelt werden. Sie sagten, dass Sie versucht haben, Nein zu sagen, und ihr erklärt haben, dass sie ihrer Schwester wehtut und sie traurig macht, und dass Sie es mit strenger Stimme taten, dies aber nichts geändert hat. Dass Ihre ältere Tochter dann auch zu weinen beginnt und ihre kleine Schwester ein weiteres Mal schlägt.

Wenn Eltern Dinge zu Kindern sagen, die entweder bedeutungslos oder absurd sind – immer in Relation zu dem, was das Kind erlebt –, dann hilft es auch nicht, mit strenger Stimme zu reden. Im Gegenteil wird das Kind sich darin bestätigt fühlen, dass es von seinen Eltern nicht mehr geliebt wird und dass seine eigenen Gefühle falsch sind. Deswegen ist sie gekränkt und weint und deshalb wiederholt sie ihre Botschaft in der Hoffnung, dass Sie sie verstehen.

Wäre eine Zweijährige bereits fähig und eloquent genug, ihre existenzielle Situation zu verbalisieren, würde sie ihren Eltern vermutlich Folgendes sagen: »Ich weiß, dass meine Babyschwester zurzeit das Wichtigste für euch ist, und damit kann ich so einigermaßen leben. Ich finde sie auch wunderbar und liebenswert und freue mich schon auf den Tag, an dem wir zusammen spielen können. Aber meine größte Sorge ist gerade, ob ihr mich noch so liebt wie früher, und das macht mich traurig und wütend zugleich. Könnte einer von euch mir dabei helfen, denn ich will kein Kind sein, das ihr nicht liebt.«

Doch leider (vor allem für sie selbst) können Zweijährige sich nicht auf diese Weise äußern. Da sie nicht die kleinen Muskeln der Stimmbänder einsetzen können, müssen sie für ein, zwei Jahre ihre großen Muskeln benutzen, um andere auf ihren Schmerz, ihre Frustration und ihre Sehnsucht aufmerksam zu machen. Die ermüdenden und vergeblichen Versuche der Eltern, ihren Verlust zu überspielen oder zu relativieren, brauchen sie nicht. Sie brauchen Anerkennung. Als Alternative zum Korrigieren, Beschuldigen und Maßregeln schlage ich oft vor, dass der Vater der Familie sich dieses Themas annimmt. Der Grund dafür ist, dass die meisten Väter eine ähnliche Erfahrung durchmachen, wenn das erste Kind geboren wird: Plötzlich werden sie in der Rangliste ihrer Frau auf den zweiten Platz verwiesen – ohne jegliche Chance, jemals wieder die frühere Position zurückzuerlangen.

Der erwachsene Mann und Vater realisiert innerhalb von ein paar Monaten, dass zwischen der Liebe einer Mutter für ihr Kind und der Liebe, die sie für ihren Mann oder Partner empfindet, ein signifikanter Unterschied besteht. So löst sich das Gefühl der Eifersucht normalerweise auf. Eine Zweijährige ist zu dieser Unterscheidung nicht in der Lage. Sie muss dieselbe Art von Liebe mit einem anderen Kind teilen. Sie denkt natürlich nicht so, sondern bezieht sich nur auf ihr aktuelles Empfinden des Verlusts. Was sie daher braucht, ist ein Vater, der sie auf den Schoß nimmt oder mit ihr einen Spaziergang macht und dabei zu ihr sagt: »Ich kann verstehen, dass du die Kleine manchmal hauen willst, obwohl du sie auch lieb hast. Ich fühle mich manchmal genauso. Ich will die Kleine nicht hauen, aber es stört mich manchmal, dass sie so viel Zeit und Energie von deiner Mutter braucht ... Aber ich glaube, wir gewöhnen uns besser daran. Findest du sie auch manchmal störend, oder bist du nur traurig, weil wir jetzt nicht mehr so viel Zeit für dich haben?«

Diese Worte müssen absolut von Herzen kommen. Als Bestandteil einer Antigewaltstrategie funktionieren sie nicht! Wenn sie von Herzen kommen, bewirken sie Wunder – insbesondere, wenn der Vater ein paar Tage später zu seiner Frau sagt: »Ich kümmere mich ein paar Stunden um das Baby, damit ihr beide ein bisschen Zeit füreinander habt. Ich kann sehen, dass ihr einander vermisst.«

Etwa nach einer Woche wird das ältere Geschwisterkind sein aggressives Verhalten beenden und damit beginnen, seine eigenen persönlichen Grenzen festzulegen. Es hat nun gelernt, dass persönliche Dilemmata in seiner Familie willkommen sind und dass es sich jederzeit an seine Eltern wenden kann, wenn seine Gefühle verletzt sind.

Immer wenn Ihr Kind sich »danebenbenimmt«, überlegen Sie, womit es möglicherweise gerade kooperiert, und Sie werden nicht nur etwas über Ihr Kind lernen, sondern auch über sich selbst.

Familienzuwachs

Eine Mutter: Ich habe einen fünfjährigen Sohn, und wir planen, ein zusätzliches Kind zu bekommen. Wie kann ich ihn darauf vorbereiten, großer Bruder zu werden? Was kann ich tun, dass der Übergang vom Einzelkind zum großen Bruder so gut wie möglich verläuft?

Juul: So kurz und präzise kann eine der normalsten Fragen gestellt werden! Da ich Ihren Sohn und Ihre Familie nicht kenne, muss ich Ihnen eine allgemeine Antwort geben, aber das macht hoffentlich nichts. Ich will jedoch darauf hinweisen, dass Teile meiner Antwort die Tatsache berücksichtigen, dass Ihr Sohn fünf Jahre alt ist.

Erst einmal würde ich genau darüber nachdenken, wer Ihr Sohn ist. Wie geht es ihm als Einzelkind? Wie geht es ihm normalerweise mit großen Veränderungen? War er in den letzten fünf Jahren das absolute Zentrum Ihrer Familie und hat ein Übermaß an Aufmerksamkeit bekommen? Ist er sozial aktiv und extrovertiert oder mehr ›philosophisch‹ und selbstgenügsam veranlagt? Was bedeutet die Ankunft des neuen Kindes für seinen Schulanfang? Die Antworten auf diese Fragen werden Ihnen helfen, einen empathischen Eindruck davon zu bekommen, wie er den Familienzuwachs womöglich erleben wird.

Als Nächstes sollten Sie über Ihre eigene Situation als Eltern reden. Warum wollen Sie noch ein Kind? Wie sind Ihre eigenen Erfahrungen mit Geschwistern? Haben Sie bestimmte Wünsche, Erwartungen und Träume, wie sich das Verhältnis zwischen Ihren Kindern entwickeln soll, oder nehmen Sie es, wie es kommt? Es ist vollkommen in Ordnung, sich ein enges und harmonisches Verhältnis zwischen seinen Kindern zu wünschen, solange Ihre Kinder nicht gezwungen sind, nach Ihrem Manuskript zu leben oder Ihr gemeinsames Projekt zu realisieren.

Einen Fünfjährigen als zukünftigen großen Bruder würde ich so früh wie möglich mit einbeziehen: »Wir haben uns dazu entschlossen, zu schauen, ob wir noch ein Kind bekommen können, und möchten gern wissen, was du von dieser Idee hältst?«

Das bedeutet nicht, dass er es bestimmen soll, aber seine Reaktion wird Ihnen viel darüber sagen, wo er steht. Vielleicht ist er abweisend, skeptisch oder sofort voller Freude. Wenn er skeptisch reagiert, ist es eine gute Idee, im Laufe der fortschreitenden Schwangerschaft mit ihm über seine Gedanken und Gefühle zu reden. Nicht um die Skepsis in Freude umzuwandeln, sondern um ihm zu zeigen, dass er so sein darf, wie er ist. Je mehr er dies erfährt, desto flexibler kann er sein, wenn er seine neue Schwester oder seinen neuen Bruder kennenlernt.

Traditionsgemäß neigen wir dazu, das Alter des älteren Kindes hervorzuheben. »Jetzt bist du der Große!«, stellen wir fest oder verknüpfen dies gleich mit einer Ermahnung: »Jetzt musst du aber dran denken, dass du der Große und Vernünftigere bist!« Beides ist eine schlechte Idee, weil die Erstgeborenen ohnehin dazu verurteilt sind, immer die »Großen und Vernünftigen« zu sein – eine Rolle, die nicht nur angenehme Seiten hat.

Beobachten Sie Ihren Sohn diskret während der Schwangerschaft. Wie engagiert ist er, was den zukünftigen Familiennachwuchs betrifft? Macht er sich Gedanken über seine Rolle als großer Bruder? Ist er genauso interessiert an dem kleinen Kind in Mutters Bauch wie die Erwachsenen, oder ist er mit seinen eigenen Dingen beschäftigt? Was antwortet er, wenn andere Erwachsene ihn nach seinen Gefühlen und Erwartungen fragen? Und einmal mehr:

Versuchen Sie nicht, das Wesen Ihres Kindes zu verändern, sondern lernen Sie es besser kennen.

Wenn er gerne spricht und sich schon gut ausdrücken kann, dann reden Sie mit ihm darüber. Schildern Sie erst einmal Ihre eigenen Gedanken und Gefühle, damit das Ganze nicht zu einem Frage-Antwort-Spiel wird. Spricht er nicht so viel, können Sie ihn einladen, ein paar Zeichnungen davon zu machen, wie die Familie wohl aussieht, wenn das neue Kind auf der Welt ist.

In den letzten zwei, drei Monaten vor der Geburt ist es eine gute Idee, wenn sich Ihr Mann mehr und mehr um ihn kümmert. Nicht nur, weil Sie selbst introvertierter und auf Ihr Baby fokussiert sind und somit nicht im gleichen Maße zur Verfügung stehen, sondern auch, weil Ihr Sohn einen Kameraden braucht, bei dem er sich entspannen und ein wenig maskuline Nahrung für seine Kindheit aufsaugen kann. Wahrscheinlich werden Sie ein mehr oder weniger schlechtes Gewissen haben, weil Sie nicht so viel für ihn da sein können wie zuvor. Dies führt dazu, dass entweder beide Eltern versuchen, diesen Verlust an Zeit, Platz und Aufmerksamkeit zu überspielen, oder dass Mütter unmögliche Erwartungen an sich selbst stellen und das schlechte Gewissen von Schuldgefühlen abgelöst wird. Diese Schuldgefühle erschweren es Ihrem Sohn, sich seiner neuen Familie anzupassen.

Passen Sie deshalb mit Aussagen auf, wie: »Wir versuchen ihm genauso viel Aufmerksamkeit zu geben wie vorher.« Dies ist einfach nicht möglich und auch nicht notwendig. Kinder fordern viel Aufmerksamkeit, aber sie brauchen zum Glück lange nicht so viel, wie sie fordern. Je mehr sie erleben, »gesehen« zu werden, desto weniger Aufmerksamkeit fordern sie ein.

In diesem Zeitraum – vom sechsten Schwangerschaftsmonat an und etwa zwei Jahre lang – ist der Vater der beste Kamerad des Erstgeborenen. Zum einen teilen Vater und Sohn dasselbe Schicksal: Beide haben zeitweise ihren gewohnten Kontakt zu der wichtigsten Frau in ihrem Leben verloren, die jetzt ihre Energie, Fürsorge und Aufmerksamkeit dem neuen Kind zukommen lässt. Je besser sich die Beziehung zwischen Vater und Sohn (oder Tochter) entwickelt, umso mehr kann die Frau und Mutter sich guten Gewissens auf das Neugeborene konzentrieren, und umso einfacher wird es für die neue Familie, die Bedürfnisse aller mit einzubeziehen.

Ich hoffe, Sie beide erinnern sich daran, wie radikal sich Ihr Leben durch die Existenz Ihres Erstgeborenen verändert hat. Genauso wird es jetzt für Ihren Sohn sein. Vieles von dem, was er sein Leben lang gewohnt war, wird jetzt anders. Lassen Sie ihm Zeit, sich dieser Revolution auf seine eigene Weise anzupassen, ganz gleich, ob diese Anpassung von liebevollen und freudigen Gefühlen oder von einer gewissen Reserviertheit begleitet wird. Dies alles muss er selbst bewältigen, aber er sollte es nicht allein tun müssen. Er wird all seine Energie darauf verwenden, der große Bruder zu werden, den Sie sich wünschen, und wenn dies nicht gelingt, liegt es daran, dass er es zu intensiv versucht und sich selbst dabei verliert. In diesem Fall braucht er die Empathie, Fürsorge und Anerkennung seiner Eltern ganz besonders.

Vielleicht hat Ihr Sohn in den ersten fünf Lebensjahren so viel Selbstgefühl aufgebaut und hat so viel Vertrauen in seine Eltern, dass er das neue Kind vor allem als Ihr Projekt ansieht und deshalb seine Energie auf andere Dinge verwendet. Betrachten Sie das als Kompliment und nicht als mangelndes Engagement. Vielleicht ist er schon so viel »Mann«, dass er meistens konkret denkt und sich zu den Dingen erst dann verhält, wenn sie wirklich anstehen. Vielleicht wird er sich auch erst ernsthaft mit seiner kleinen Schwester oder seinem kleinen Bruder auseinandersetzen, wenn sie oder er groß genug ist, um mit ihm zu spielen. Lassen Sie deshalb nicht die Sorgen einen Schatten über ihre Neugierde und Freude werfen.

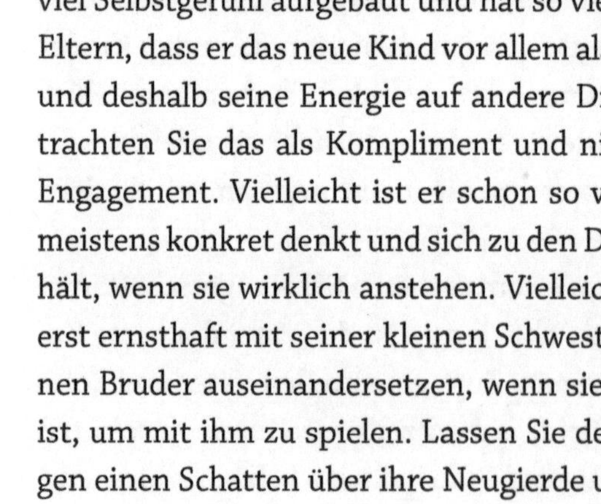

Take five! Nimm dir fünf!

Der Titel dieses Textes sollte eigentlich »give five« (gib fünf) heißen und ist eine Empfehlung für Eltern und Erzieher, eine kurze Wartezeit einzulegen, wenn Sie wollen, dass Ihr eigenes Kind oder das Kind einer anderen Person sein Verhalten ändert. Wenn Sie dabei auf Widerstand stoßen, geben Sie dem Kind fünf Sekunden, Minuten, Stunden, Tage oder sogar Wochen Zeit, um Ihr Anliegen zu überdenken, und Sie werden mit mehr Zusammenarbeit belohnt werden, als Sie sich jemals erträumt haben.

Als autoritäre Einstellungen und Verhaltensweisen noch die Regel waren, haben Eltern folgende Dinge gesagt: »Räum dein Zimmer auf – und zwar SOFORT! Häng den Mantel an die Garderobe – JETZT GLEICH!«

Mimik, Gestik und Stimme des Erwachsenen verlangten absoluten und unmittelbaren Gehorsam. Auf jede Verzögerung folgten sofortige Sanktionen. Heute wissen wir, dass wir unsere Aufmerksamkeit auf die persönliche Integrität eines Kindes richten müssen, und zwar in einer Weise, die es dem Kind ermöglicht, so viel wie möglich über seine Individualität zu lernen. Darüber, was seine Bedürfnisse, Gefühle und Grenzen sind und wie es seine menschliche und moralische Integrität schützen kann.

In manchen Situationen des Lebens sollten wir immer noch in der Lage sein, uns einer Autorität unterzuordnen, aber wir sollten so frei wie möglich sein, diese Autorität selbst auszuwählen. Außerdem muss es möglich sein, einen Dialog zwischen äußerer Disziplin und unserer inneren Stimme zu etablieren – zwischen Kooperation und Integrität.

Kinder hatten stets das Bedürfnis, diese beiden Dinge in Einklang zu bringen, aber in Zeiten einer übermächtigen Autorität blieb ihnen nichts anderes übrig, als ihre persönliche Integrität und Würde zu opfern. Auch heute erleben wir es noch, dass Kinder als trotzig und rebellisch bezeichnet werden, wenn sie ihre persönliche Integrität zu schützen versuchen, indem sie Nein zu Disziplinierungen und Befehlen sagen.

Ich möchte noch mal am Beispiel meines Enkels und zwei weiterer Kinder im Alter von zwei und fünf Jahren veranschaulichen, wie diese Kinder versuchten, ihre Integrität zu wahren:

»Alex, ich gehe einkaufen und möchte, dass du mitkommst.«
»Nein, ich spiele!«
»Das sehe ich, aber ich hatte irgendwie gehofft, ein wenig Zeit mit dir allein zu verbringen.«
Kein Kommentar, aber zehn Minuten später, als ich zum Auto gehe, fragt eine glückliche Stimme: »Opa, kann ich mitkommen?«
»Klar! Ich bin froh, dass du die Zeit gefunden hast.«

»Alex, ich möchte deine Zähne putzen, bevor wir in einer halben Stunde an den Strand gehen.«
»Ich will nicht, dass meine Zähne geputzt werden, wenn ich im Urlaub bin!«
»Das ist ein guter Punkt, denke ich – aber es muss getan werden. Lass mich wissen, wenn du bereit bist.«

Er läuft kommentarlos weg und spielt weiter. Fünf Minuten, bevor wir gehen, sagt er: »Okay, wenn es sein muss, dann jetzt.«

Das zweijährige Mädchen bekommt von ihrer Mutter Suppe angeboten, will aber nichts davon essen.
»Aber du magst doch Suppe. Komm schon, iss etwas, sonst wirst du später hungrig sein!«
Die Kleine schüttelt ablehnend den Kopf. Die Mutter lenkt ihre Aufmerksamkeit auf den eigenen Teller Suppe. Zwei Minuten später zeigt das Mädchen mit dem Finger auf ihren Teller und kräht: »Ich auch! Ich auch!«
Die Mutter füllt ihren Teller und das Mädchen isst die Suppe mit Vergnügen auf.

Die beiden Jungen genießen das Privileg, länger aufbleiben zu dürfen, und sehen sich einen Zeichentrickfilm an.
»Okay, Jungs – es wird Zeit, in die Betten zu hüpfen!«
»Oh nein! Der Film ist so lustig. Du kannst ihn dir ja auch ansehen!«
»Danke, aber *nein* danke. Ihr könnt noch 15 Minuten schauen. In einer Viertelstunde bin ich zurück.«
Beide schauen mich an und sagen:
»So schnell?«
»Ja, so schnell!«
»Okay, nur noch fünf Minuten ... bitte! Nein? Na gut.«
Sie schalten den DVD-Player aus und planen bereits, was sie tun werden, wenn sie am nächsten Morgen aufwachen.

»Alex, denkst du, du wärst in der Lage, im nächsten Jahr alleine zu mir zu fliegen? Es ist ein Direktflug und er dauert eineinhalb Stunden.«

»Ich glaube, dafür bin ich noch zu klein.«

»Ja, für dieses Jahr stimmt das, aber ich meine im nächsten Jahr, wenn du sieben bist.«

»Hm, ich weiß nicht ...«

»Okay, denk darüber nach und lass es mich wissen, ja?«

Eine Woche später:

»Hast du dir Gedanken darüber gemacht, ob du nächstes Jahr alleine fliegen kannst?«

»Ich hätte lieber meinen Vater oder meine Mutter dabei.«

»Ja, das kann ich verstehen ... es könnte allerdings sein, dass keiner von ihnen im nächsten Jahr mitkommen kann. Aber wir haben genügend Zeit, um darüber nachzudenken.«

Manchmal erhalten Sie nach fünf Minuten ein Nein zur Antwort – dann müssen Sie entscheiden, was zu tun ist. Sie können sagen:

»Okay, ich höre dich, aber ich will nicht warten. Ich will es jetzt machen.«

Oder: »Okay, ich höre dich, aber wir haben wirklich sehr wenig Zeit, bevor wir aus dem Haus müssen. Gibt es eine Chance, dass du deine Meinung änderst?«

Oder: »Okay, ich will hören, warum du nicht willst.«

Dieses Prinzip hat nichts mit »Demokratie« zu tun. Es geht auch nicht darum, ein Kind selbst entscheiden zu lassen, ob es sich die Zähne putzt, in den Kindergarten oder ins Bett geht. Es ist ein viel existenzielleres Prinzip, das die Integrität des Kindes schützt und seiner persönlichen Würde dient. Das Kind lernt dadurch ebenso, was es heißt, mit einem anderen Menschen »in Beziehung« zu sein. Dieses Prinzip basiert auf der grundlegenden Erfahrung, dass Kinder (wie auch ältere Menschen) viel kreativer und flexibler werden, wenn man sie ernst nimmt. So beugt man auch Machtkämpfen und endlosen Verhandlungen vor.

Aber es gibt eine Falle!

Die ganze Sache klappt nur, wenn Sie aus ehrlichem Respekt vor der kindlichen bzw. menschlichen Würde und Integrität handeln. Sie funktioniert nicht als Methode, um Ihren Willen durchzusetzen. Wenn Kinder als Objekte behandelt werden, neigen sie zum Widerstand, und wenn sie manipuliert werden, antworten sie ebenfalls mit Manipulation.

Ein Kind, das mit der Erfahrung aufwächst, ernst genommen und respektvoll behandelt zu werden, das lernt, der Weisheit und Erfahrung seiner Eltern sowie anderer Erwachsener vertrauen zu können, wird sich gesund entwickeln und Zugang zu seinem inneren Selbst haben.

Es ist, mit anderen Worten, höchst unwahrscheinlich, dass dieses Kind irgendetwas oder irgendjemandem zum Opfer fällt.

Kinder und Pornografie

Die Zeiten, in denen Jungen heimlich Pornomagazine unter der Bettdecke lasen, sind vorbei. Kinder werden heute frühzeitig mit Internetpornografie konfrontiert, was vielen von ihnen Angst macht. Eines der dänischen Kindertelefone, die Kinder anrufen können, wenn sie Hilfe und Unterstützung benötigen, verzeichnet einen erheblichen Anstieg der Anrufe zu diesem Thema.

Kinder zwischen neun und fünfzehn Jahren sind irritiert und verängstigt von den expliziten Bildern nackter Körper, der sexuellen Leistungsschau und einigen der sexuellen Praktiken. Sie vergleichen die Größe und Form ihrer eigenen Genitalien und Brüste mit denen der Pornodarsteller und befürchten, dass sie selbst den allgemeinen Ansprüchen nicht genügen (was ebenso für viele Erwachsene gilt). Sie sehen SM-Szenen und können sich nicht vorstellen, dass dies ein Spiel für Erwachsene sein kann.

Die Verfügbarkeit von Internetpornos zwingt uns, Dinge zu sagen und zu tun, die uns womöglich widerstreben oder unsere moralischen Prinzipien auf die Probe stellen, doch Eltern und Lehrer müssen dies überwinden, um unsere Kinder zu unterstützen. Die Frage ist natürlich, was die Erwachsenenwelt – Eltern und Schulen – tun kann, um Kindern zu helfen. Dies ist eine dringliche Frage, da mehr als 80 Prozent der Kinder häufig mit Pornografie konfrontiert werden.

Die Antwort hängt von mehreren Dingen ab: 79 Prozent der europäischen Männer sehen sich regelmäßig Internetpornos an – dazu gehören natürlich auch Väter und Lehrer und ein paar Mütter. Das legt nahe, dass Väter die Verantwortung für den Umgang der Kinder mit Pornografie auf sich nehmen sollten. In Familien, in denen keiner der Eltern Kenntnisse aus erster Hand hat, müssen sie entweder einen Blick riskieren oder sich auf professionelle Aussagen und Ratschläge verlassen.

In einigen Ländern haben Schulen das Thema Sexualität in den Lehrplan aufgenommen, und auch wenn dies manchen unvorstellbar erscheint, sollten sie Internetpornos in den Unterricht einbeziehen und dort kurze Clips zeigen. Das ist weitaus weniger gefährlich, als wenn Kinder einsam in ihren Zimmern Pornofilme anschauen. In Ländern, in denen Sexualität nicht auf dem Lehrplan steht, sind Eltern und Kinder auf sich allein gestellt, und die Eltern stehen vor einer viel schwierigeren Aufgabe.

Pornografie provoziert sehr starke moralische Urteile und Widerstände, was es für manche Eltern extrem schwierig, wenn nicht gar unmöglich macht, konstruktive und hilfreiche Gespräche mit ihren Kindern zu führen.

Wenn das der Fall ist, sind die Kinder darauf angewiesen, Unterstützung bei Gleichaltrigen zu finden.

Viele Eltern haben Angst und zögern, über Sex im Allgemeinen zu sprechen. In der Regel hoffen oder glauben sie oft, dass die Kinder von heute ihre Informationen auf andere Weise erhalten werden. Die Wahrheit ist jedoch, dass Teens genauso unsicher und verletzlich sind wie früher, obwohl Sex überall im öffentlichen Raum präsent ist. Sie sind zwar besser informiert, aber genauso erschütterbar, und brauchen Unterstützung und Dialog mit vertrauenswürdigen Erwachsenen sowie mit älteren und erfahreneren Jugendlichen. Dies ist an dänischen Schulen seit Langem eine akzeptierte und wertvolle Praxis. Videos und Apps sind wertvolle Hilfsmittel und versorgen Kinder mit vielen Informationen, aber sie brauchen immer noch den persönlichen Kontakt mit wohlwollenden Menschen.

Die Kinder, die Hilfstelefone in Anspruch nehmen, stellen dieselben Fragen wie Kinder, die nicht anrufen, sondern sich an Eltern oder Lehrer wenden. Man muss ihnen sagen, dass Pornografie eine künstliche und unnatürliche Darstellung dessen ist, was Sex wirklich ist, und dass sie nicht zur Aufklärung, sondern ausschließlich zum Zweck des Profits produziert wird.

Sie müssen darüber aufgeklärt werden, dass das Durchhaltevermögen der männlichen Pornodarsteller unrealistisch ist und dass die Filme in vielen Takes über mehrere Stunden oder Tage gedreht werden. Sie müssen auch darüber aufgeklärt werden, dass Pornografie ein Spiegelbild karikierter männlicher Fantasien über Mädchen und Frauen ist und dass Frauen im wirklichen Leben ganz anders sind.

Man muss ihnen sagen und zeigen (Fotos), dass es viele Größen und Formen von weiblichen und männlichen Genitalien gibt. Ihnen muss erklärt werden, dass der beste Weg, Sex mit ihren zukünftigen Partnern zu genießen, darin besteht, mit ihrem eigenen Körper zufrieden und glücklich zu sein, und dass ein genussvolles Liebesspiel absolut nichts mit der aktuellen Vorstellung von körperlicher Schönheit zu tun hat.

Sie müssen darüber aufgeklärt werden, dass Masturbation und Ejakulation beim Anschauen von Pornos Endorphine in ihrem Gehirn freisetzen und daher die Gefahr besteht, süchtig zu werden. Das passiert vor allem bei Jungen und macht es für sie sehr schwierig, Freundinnen zu finden und dauerhafte Beziehungen zu führen.

Sie müssen darüber aufgeklärt werden, dass ihre sexuelle Orientierung nichts mit all diesen Dingen zu tun hat.

Ganz gleich, ob Sie ein Elternteil oder eine Lehrerin sind, fühlen Sie sich frei, das Gespräch mit Ihrem persönlichen moralischen Standpunkt abzuschließen, und stellen Sie sich für eine moralische Debatte mit Ihrem Kind oder Ihrer Klasse zur Verfügung.

Denken Sie daran, dass sich viele Kinder unwohl fühlen, wenn sie auf dieses Thema angesprochen werden. Manche Kinder neigen dazu, anfangs den Blickkontakt zu meiden, und es ist hilfreich, wenn Eltern ihre eigene Verlegenheit eingestehen. In Gruppen neigen Kinder dazu, zu lachen, zu scherzen und sich lustig zu machen, doch Lehrer und Eltern können sich darauf verlassen, dass sie auf jedes Wort achten und sich später an jedes Detail erinnern. Sie möchten vielleicht nicht mit den Erwachsenen über das Gehörte diskutieren, aber sie werden dies ausführlich mit ihren besten Freunden und Freundinnen tun.

Unsere Sexualität ist ein sehr wichtiger Teil unserer persönlichen und sozialen Identität, und es ist ein Geschenk, zur richtigen Zeit die richtigen Informationen zu erhalten.

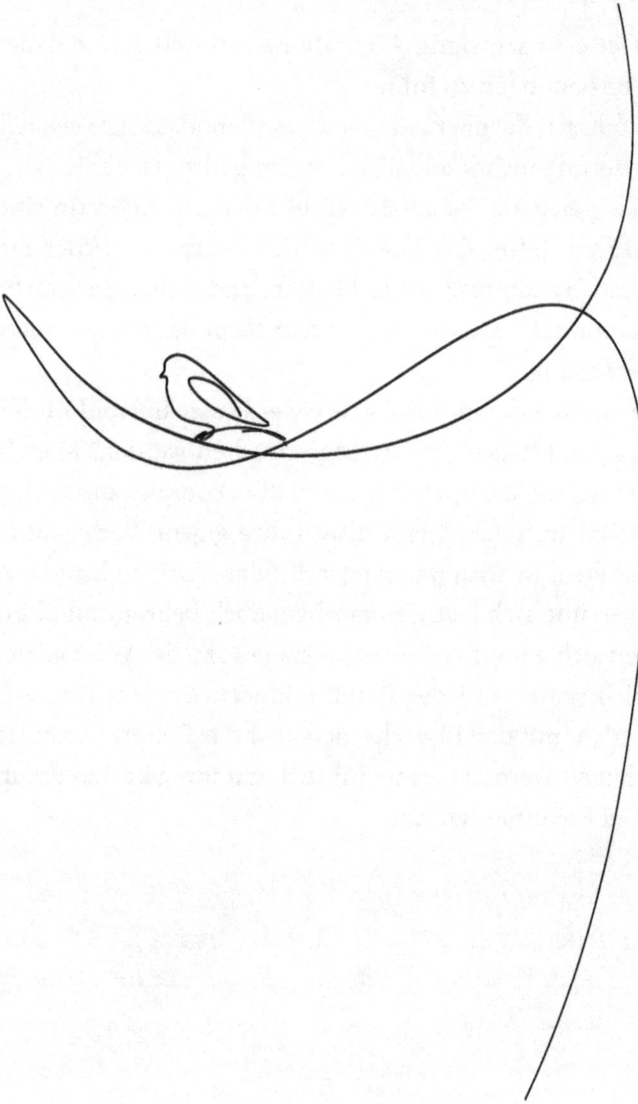

Gibt es unerreichbare Jugendliche – oder sind unsere Arme zu kurz?

In ganz Deutschland mag es insgesamt vielleicht fünfundzwanzig »unerreichbare« Jugendliche geben. Alle anderen sind im Prinzip erreichbar, wenn man sich darum bemüht.

Dennoch gibt es eine Gruppe von Jugendlichen – vorwiegend zwischen achtzehn und zwanzig Jahren –, die so schwer zu erreichen sind, dass sich auch geschulte Pädagoginnen gewissermaßen die Zähne an ihnen ausbeißen.

Der Grund besteht darin, dass diese Jugendlichen nicht nur kein Vertrauen zu Erwachsenen im Allgemeinen haben, sondern insbesondere kein Vertrauen zu Fachleuten. Und das macht es noch viel schwieriger. Ich zitiere in diesem Zusammenhang oft einen Jungen, dem ich in Los Angeles begegnet bin, wo ich vor zwanzig Jahren verschiedene Kurse geleitet habe. Den Erwachsenen erschien er wie das Paradebeispiel eines »unmöglichen« Jungen. Er war damals dreizehn Jahre alt und hat heute womöglich sechsunddreißig Piercings im Gesicht – damals hatte er keines. Dieser Junge stand mir gegenüber und hat mir guten Gewissens direkt in die Augen geschaut. Er war kein bisschen wütend, sondern einfach nur cool und hat zu mir gesagt: »Let me tell you one thing, mister. I ain't gonna take no more shit from nobody – never ever again!« Mit »shit« hat er Pädagogik gemeint – das war mal ein Statement! Um zu erklären, warum wir mit unserem »Shit« scheitern, muss ich ein wenig ausholen.

Der Erfolg der Pädagogik hält sich in Grenzen, weil sie immer konkrete Ziele vor Augen hat.

Es gibt zweifellos viele Menschen, die sehr hartnäckig und gewissenhaft versuchen, mit Jugendlichen in Kontakt zu kommen. Doch sie bekommen Vorgaben wie: »Du musst mit diesem jungen Mann reden, er muss zurück in die Schule, er muss dieses oder jenes schaffen.« Pädagogische Arbeit ist also immer an bestimmte Aufträge gebunden und das macht alles kaputt!

Wir sprechen hier über Jugendliche, die immer mit Erwachsenen konfrontiert waren, die irgendwelche Aufträge hatten. Diese Erwachsenen haben es schon hundert Mal auf diese Weise versucht, und hundert Mal sind wir – die Eltern, die Gesellschaft – damit gescheitert. Da es uns auf diese Weise also nicht gelingt, den Jugendlichen zu helfen, sind wir davon abhängig, dass diese für sich selbst die richtige Wahl treffen. Wir glauben zwar, dass die Jugendlichen von uns abhängig sind, aber das ist ein Trugschluss.

Die Mitverantwortung der Gesellschaft

Wir müssen uns darüber im Klaren sein, dass wir an diese Jugendlichen mit unseren herkömmlichen Konzepten nicht mehr herankommen. Und dass es Kinder und Jugendliche ja auch im Allgemeinen schwer haben, konstruktive Vorbilder zu finden. Die Popstars sind auf Drogen oder machen gerade eine Entziehungskur; die Politikerinnen lügen jeden Tag, die Leute aus der Wirtschaft sind sowieso nicht vertrauenswürdig und so weiter. Es gibt also kaum noch Vorbilder. Wenn man Glück hat, gibt es Eltern, die als Vorbilder taugen, aber wenn man über dreizehn ist, reicht einem meist auch ein Wochenende im Monat mit denen. Weil man in dieser Lebensphase eben auch andere Vorbilder finden muss.

Generell fehlt es an Erwachsenen, die ihrer Verantwortung gerecht werden und ihre Führungsrolle deutlich und konstruktiv wahrnehmen. Das ist in den Familien schwierig, doch nicht nur dort.

Vor ein paar Jahren redeten alle darüber, dass zwei Jugendliche an einem S-Bahnhof einen Mann totgeprügelt haben.[1] Ich will die Brutalität der Tat weder entschuldigen noch relativieren. Dennoch fällt auf, dass die Reaktion auf solche Vorfälle nach dem immer gleichen Muster abläuft: Alle sind betroffen, das Verhalten der Jugendlichen wird aufs Schärfste verurteilt, dann werden mehr Überwachungskameras installiert und die Anzahl der Polizistinnen an den S-Bahnhöfen erhöht – das war's. Was jedoch vollständig fehlt, ist das Eingeständnis unserer Mitverantwortung. Das Eingeständnis der verantwortlichen Erwachsenen des Jugendamts etc., dass ihr bisheriges Verhalten und ihre Konzepte gescheitert sind. Sie sollten sich über die Medien zu Wort melden und Folgendes sagen: »Es ist uns bewusst, dass auch wir einen Teil der Verantwortung tragen. Deshalb möchten wir Eltern, Jugendliche, Fachleute und Kritikerinnen einladen, mit uns zu sprechen – weil wir es in Zukunft unbedingt besser machen müssen als bisher!« Doch von solchen Eingeständnissen ist nie etwas zu hören.

Die Medien begnügen sich weitgehend damit, die Jugendlichen an den Pranger zu stellen, sie als missglückt, hoffnungslos oder unmöglich zu bezeichnen. Und den vielen Zwölf- und Dreizehnjährigen, die diese Überschriften sehen, wird dadurch vermittelt, dass auch mit ihnen etwas nicht stimmt. Und woher sollen sie den Mut und das Vertrauen nehmen, sich an das Jugendamt zu wenden, wenn sie selbst Probleme bekommen? Eigentlich sollten sie das mit der Gewissheit tun können, dass sie dort kompetente Hilfe erhalten. Dass dort Erwachsene arbeiten, die sich für sie interessieren und ihnen etwas geben wollen.

Natürlich gibt es solche Erwachsenen, doch die Jugendlichen und ihre Eltern müssen sich auch eingeladen fühlen, und wenn wir ihnen weiterhin pauschal die Schuld an allem geben, erreichen wir genau das Gegenteil.

Ich kann mich nur wiederholen: Wir brauchen verantwortliche Erwachsene!

Was wir tun müssen

Gute Nachricht: Die Veränderung, die in der Gesellschaft nötig ist, erfordert keine politischen Maßnahmen und kein Geld. Sie ist kostenlos.

Um eine Veränderung herbeizuführen, braucht es nur Folgendes: Die Mitarbeiterinnen und Führungskräfte in den Jugendämtern sollten sich direkt an die Jugendlichen wenden und sagen: »Es tut uns leid, dass wir bisher versagt haben. Könnt ihr uns noch eine Chance geben?« Das kostet nichts. Aber man kann Menschen nicht befehlen, Verantwortung zu übernehmen. Man kann das nicht verordnen. Das hat man hundert Jahre lang mit Kindern und Jugendlichen versucht, und auch bei denen funktioniert es nicht.

Man muss als Mensch in sich gehen und sich fragen: Will ich das? Will ich diese Verantwortung tragen? Das mag sehr banal klingen, aber genauso ist es.

Die Eltern kommen allmählich dahinter. Die gehen immer häufiger zur Familienberatung und machen aus ihrer Ratlosigkeit keinen Hehl mehr: »In unserer Familie läuft es schlecht. Wahrscheinlich haben wir irgendetwas falsch gemacht.« Dieser letzte Satz ist etwas ganz anderes als der alte theatralische Aufschrei: »Was habe ich nur falsch gemacht?!«

»Wir brauchen Hilfe als Familie, was können wir tun?« Ein Satz, der so einfach und doch so kompliziert ist. Die Eltern trauen sich allmählich, ihn auszusprechen; aber die Fachleute haben noch nicht einmal begonnen, darüber nachzudenken, ob sie vielleicht selbst verantwortlich sind oder ob sie Eltern und Kindern auch in den nächsten zehn Jahren die Schuld in die Schuhe schieben wollen.

Es wäre eine Revolution! Ich habe es hundert Mal an Schulen und anderen Institutionen erlebt – diese Haltung verändert die Atmosphäre fundamental. Aber sie muss beim einzelnen Menschen beginnen und man kann sie niemandem vorschreiben.

Darf ich sein, wer ich bin?

Vielleicht entspannt es Erwachsene und vor allem Eltern ein bisschen, wenn sie sich klarmachen, dass Kinder eben anstrengend *sind* und das auch sein dürfen. »Anstrengend« heißt ja nur, dass sie mit uns in Beziehung bleiben wollen und dass es immer etwas gibt, worüber wir uns verständigen müssen. An dieser Tatsache lässt sich nichts ändern, auch wenn wir uns noch so sehr wünschen, dass diese Beziehung reibungslos und unkompliziert ist.

In Familien gab es schon immer unzählige kleine und größere Konflikte pro Tag, doch die Generation meiner Eltern wollte davon nichts wissen. Kinder durften Konflikte keinesfalls äußern, Frauen nicht; nur die Männer hätten es theoretisch gedurft – wenn sie die Zeit gehabt hätten. Das ist ja das Wunderbare am heutigen Familienleben und wir können das gern Freiheit nennen. Im Grunde bedeutet es aber nur, dass wir endlich wir selbst sein dürfen.

Wir sollten auch nicht vergessen, dass es viele Konflikte gibt, die unsere Kinder gar nicht mit uns austragen, weil sie denken, dass die Eltern das nicht aushalten können.

Auch unsere Partner tragen ja nicht alle Konflikte mit uns aus.

In Dänemark gibt es Internatsschulen, dort besuchen viele Kinder die neunte und zehnte Klasse, weil ihre Eltern so »überverantwortlich« sind, dass die Kinder zu Hause kaum Luft bekommen. In so einer Internatsschule können sie endlich aufatmen.

Wenn ich dort einen Vortrag halte, passiert fast immer etwas sehr Interessantes: Die Lehrerinnen gehen nach dem Vortrag ins Bett und die Eltern fahren wieder nach Hause, aber die Jugendlichen stehen Schlange und haben alle dieselbe Frage an mich. Sie formulieren diese Frage zwar unterschiedlich, aber im Prinzip ist es immer dieselbe Frage: »Wie kann ich so sein, wie ich bin, ohne meine Eltern traurig zu machen und ohne dass die sich ständig Sorgen machen?« Das wollen diese Kinder gern wissen. Beide Besorgnisse sind sehr unangenehm, weil sie bedeuten: Meine Eltern haben kein Vertrauen in mich.

Neunundneunzig Prozent der Jugendlichen können diese Frage leider nicht beantworten. Allerdings bin ich mal einem fünfzehnjährigen Mädchen begegnet, das von einer langen Diskussion mit ihren Eltern berichtet hat. Am Schluss hat ihr Vater gesagt: »Aber du weißt doch, Schätzchen, dass deine Mutter nicht schlafen kann, wenn du zu spät nach Hause kommst.« Da hat ihn die Tochter sehr liebevoll und verschmitzt angeguckt und gesagt: »Papa, ich glaube, das ist euer Problem.« Und genau das ist es auch.

Der Staat führt dieses Elternverhalten weiter, indem er sagt: »Die Jugendlichen müssen sich so und so verhalten, sonst …!« Mit solchen Entscheidungen wollen Politikerinnen ihre Entschlossenheit zum Ausdruck bringen. So wie meine Mutter, die früher mehrmals in der Woche gesagt hat: »Es muss doch irgendwo eine Grenze geben!«

Ich will damit keinesfalls sagen, dass die Jugendlichen ihre Eltern nicht mehr brauchen. Eltern sind für Jugendliche sehr, sehr wichtig. Aber wenn diese nur ihre alten Spielchen spielen und ewig die alten Ermahnungen runterleiern wie: »Ich hab dir doch schon hundert Mal gesagt …«, dann sind sie für ihre Kinder nicht besonders nützlich.

Meine Mutter hat nicht sehr viel richtig gemacht, aber eine Sache zufällig doch: Wenn ich mit vierzehn Jahren am Abend weggegangen bin, hat sie gesagt: »Komm nicht zu spät nach Hause.« Das war ein Geschenk für mich, weil ich genau wusste, wann ich selbst nach Hause kommen wollte, aber auch wusste, welche Uhrzeit Mutter sich so vorstellte. Ich konnte also einen Kompromiss schließen und kam nicht »zu spät«. Hätte sie gesagt: »Du musst unbedingt um halb zehn zu Hause sein«, dann wäre ich ganz sicher eine Stunde später gekommen, weil ich so nicht hätte behandelt werden wollen.

Man muss sich als Eltern fragen: Was mache ich für mein Kind? Was ist wirklich in seinem Interesse? Und was tue ich in Wahrheit für mein eigenes Selbstbild?

Die meisten Eltern, die ich kenne, machen etwa achtzig Prozent für sich selbst und zwanzig Prozent für die Kinder. Ist das schlimm? Ja, ein bisschen schlimm ist es schon. Zumindest wäre es schöner, wenn das Verhältnis fünfzig, fünfzig wäre. Es ist nicht verwunderlich, dass den Jugendlichen dieses Verhalten ihrer Eltern suspekt ist: *Hier sitzt mein Vater, und was macht er? Er poliert mit diesem Eltern-Spielen sein eigenes Image auf.* Wenn dieser Vater aber am nächsten Tag seinen Kolleginnen von dem Gespräch mit seinem Sohn erzählt, dann denken diese: *Was für ein vernünftiger Vater! Genauso macht man das. So sollte man mit Jugendlichen reden.* Ich weiß nicht, warum das so ist.

Wir vergessen gern, dass unsere heutige Art des Familienlebens relativ neu ist, sich also erst seit vielleicht hundertfünfzig Jahren etabliert hat. Früher wurden die Kinder weniger behütet, mussten frühzeitig wie Erwachsene funktionieren und zum Unterhalt der Familie beitragen.

Ich verstehe, dass es für Eltern emotional schwierig ist loszulassen. Aber es ist wirklich bedenklich, dass Eltern es kaum schaffen, ihren jugendlichen Kindern echtes Vertrauen entgegenzubringen. Vertrauen heißt nicht: *Ich weiß, dass du alles so machst, wie ich es will.* Vertrauen heißt: *Ich weiß, dass du dein Bestes gibst, um der bestmögliche Mensch zu sein.* Das heißt auch: *Ich vertraue darauf, dass du in den nächsten Jahren mehrere Hundert Fehler machen wirst, die schmerzhaft sein werden.*

Das ist Vertrauen.

Entwicklung des Selbstgefühls

Wir können versuchen, den eigenen Kindern dabei zu helfen, ein gewisses Selbstgefühl zu entwickeln. Es gibt da verschiedene Wege, aber im Jugendalter ist das Wichtigste, unsere Kinder zu beobachten und sie einzuladen, über sich selbst zu sprechen. Was für Gedanken machen sie sich als junger Mensch? Was ist ihnen wichtig? Was ist ihnen nicht wichtig? So lernen die Eltern ihre Kinder besser kennen. Die meisten Vierzehn- bis Sechzehnjährigen, mit denen ich mich unterhalte, sagen: »Wir leben auf zwei Ebenen. Wir haben ein soziales Leben, da geht es viel um Mode, Make-up, Sprache, Musik und so weiter. Aber wir leben auch auf einer sehr ernsthaften Ebene – und für die interessieren sich unsere Eltern nie! Es heißt immer nur: ›Wie siehst du aus? Warum willst du ein Piercing oder ein Tattoo? Was für Freunde hast du gerade?‹ und so weiter.« Ich glaube also, dass sich Eltern viel mehr für diese zweite Ebene interessieren müssen.

*Eltern müssen sich fragen: **Was für ein Kind habe ich eigentlich in diesem Moment?** Damit würden sie diesem Kind auch helfen, für sich selbst zu entdecken, was für ein Mensch es ist.*

Aber wenn die Erwachsenen ständig nur herumnörgeln und zu verstehen geben, eigentlich solle es lieber so und nicht so sein, dann kann das Selbstgefühl nicht wachsen. Dann wächst nur die Unsicherheit und es wird sich fragen: *Habe ich überhaupt einen Wert?* Und wenn es wirklich schiefgeht: *Habe ich überhaupt ein Recht, mein Leben zu genießen?*

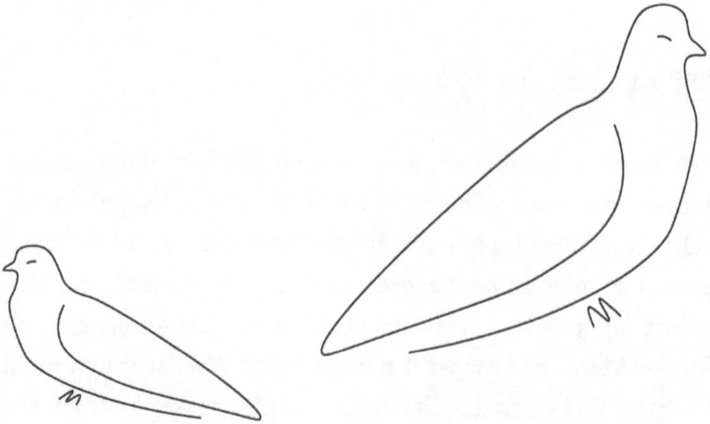

Was Kritik bewirkt

Kritik ist geradezu lebensgefährlich, wenn sie persönlich wird und den anderen entwertet – das gilt für Kinder, Jugendliche und Erwachsene. Kinder und Jugendliche sind in diesem Punkt jedoch besonders verwundbar, weil sie ihr Verhalten und ihr Sein nicht voneinander trennen. Wenn sie jemand dafür kritisiert, wie sie aussehen oder was sie gemacht haben, dann nehmen die Kinder das persönlich. Und sie speichern dieses Wissen ab, dass ihre Eltern glauben, sie seien nicht richtig oder nicht gut genug.

Wenn Eltern mit dem Verhalten ihres Kindes nicht einverstanden sind, müssen sie das nicht notwendigerweise als Kritik zum Ausdruck bringen. Wenn meine Tochter zum Beispiel immer zu spät kommt – zu spät im Sinne unserer Vereinbarung –, dann kann ich mich mit ihr hinsetzen und sagen: »Hör mal, so und so geht es mit uns, und das will ich nicht mehr.« Das ist keine Kritik! Damit mache ich nur klar, wie ich selbst bin. Was ich mitmachen will und was nicht.

Kritik ist es, wenn ich den anderen definiere: »Du bist eine schlechte Tochter. Du benimmst dich unmöglich.« Oder wenn Eltern versuchen, besonders freundlich zu sein: »Ach, das liegt an deinem Alter. Du bist jetzt in der Pubertät und das ist ja quasi eine Krankheit.« Wenn ihre Mütter sie derart kritisieren, sollten die Jugendlichen sich genauso verhalten: »Ach Mama, du bist halt in den Wechseljahren.«

Kritisieren kann man jemanden allenfalls für mangelhafte *Leistungen,* wenn jemand beim Klavierspielen oder beim Tennis unter seinen Möglichkeiten bleibt. Dann kann man sagen: »Komm, versuch es noch mal. Du musst mehr üben.« Aber das ist etwas anderes als persönliche Kritik.

Was machen wir mit denen, die nicht mitmachen?

Jeder, der mich kennt, weiß, dass mir das Thema Schule besonders wichtig ist. Ich würde mir wünschen, dass es viel mehr Schulen gäbe, die sich von den herkömmlichen unterscheiden. Schulen, in denen sich die Verantwortlichen über Jahre hinweg Gedanken gemacht und Erfahrungen gesammelt haben, um die zentrale Frage zu beantworten: Wie schaffen wir hier eine Gesellschaft, die funktioniert? Man kann sich diese Frage im kleinen Rahmen innerhalb der Familie stellen, in einer Schule, einer Stadt oder im ganzen Land.

Seit einiger Zeit versuchen wir, diese Frage mit Demokratie zu beantworten. Entscheidend ist für mich dabei, was wir mit denjenigen tun, die nicht mitmachen wollen oder können. Ein Internat hat mich mal gefragt, ob die Schüler jeden Freitagnachmittag ihr Zimmer aufräumen und putzen sollten. Worauf ich geantwortet habe: »Ich möchte gern pädagogische Fragen beantworten, und das ist keine pädagogische, sondern eine praktische Frage. Das entscheiden die Erwachsenen.« Man kann sich diese Frage auch innerhalb der Familie stellen, doch mit Pädagogik hat sie nichts zu tun.

Natürlich kann man der Ansicht sein, dass so etwas gut für Kinder zwischen acht und vierzehn ist, weil sie es dann können, wenn sie zum Beispiel später in einer Beziehung leben. Meiner Meinung nach kann man das innerhalb von drei Tagen lernen; man muss also nicht seine ganze Kindheit damit verbringen. Aber das ist ja nur meine Meinung.

Mir liegt die pädagogische Frage am Herzen, wie wir uns gegenüber denjenigen verhalten, die sagen: »Nicht mit mir. Ich mache das nicht mit.«

Was machen wir mit denen, die es nicht schaffen, die psychosoziale Probleme haben, die verhaltensauffällig sind? Wollen wir die bestrafen? Die meisten Institutionen haben darauf eine ebenso einfache wie primitive Antwort. Sie sagen: *Dann kannst du hier nicht bleiben.*

Wie begegnen wir diesen jungen Menschen in einer Art und Weise, die anständig und möglichst auch hilfreich ist? Wir wissen, dass sie jahrelang intensiv versucht haben, mitzumachen und zu kooperieren, aber aus irgendeinem Grund ist es ihnen nicht gelungen.

Wenn Erwachsene sich viel Mühe geben und engagiert sind – das weiß ich aus eigener Erfahrung –, dann sind neunundneunzig Prozent der Kinder zur Zusammenarbeit bereit. Dann kommt es nicht darauf an, was für eine Philosophie oder was für ein pädagogisches Konzept dahintersteckt. Das kann man in vielen Schulen, Heimen und auch Familien beobachten.

Eigenverantwortung und wirkliche Anerkennung

Ich persönlich habe noch bei keiner Jugendlichen gesagt, dass sie unerreichbar oder ein hoffnungsloser Fall wäre. Ich verstehe es, wenn zum Beispiel ein Internat eine magersüchtige Schülerin wegschicken muss, weil man mit ihrer Situation überfordert ist. Und es gibt ja in allen Familien oder Schulen gewisse Standards und Vereinbarungen, zum Beispiel, dass man Drogenkonsum nicht tolerieren will. Dagegen ist natürlich nichts einzuwenden. Aber was tun wir mit diesen Jugendlichen, wenn wir kein Teil des jeweiligen Systems sind? Was machen wir zum Beispiel mit denen, die ihre Mitschüler mobben und tyrannisieren?

Dann kommt die persönliche Verantwortung ins Spiel, deren Bedeutung nach wie vor stark unterschätzt wird.

Es wird zwar ständig über Verantwortung geredet, doch geht es dabei fast immer um soziale Verantwortung, also um die Verantwortung gegenüber der Gemeinschaft.

Was an sich ausgezeichnet ist – ich glaube, diese Art der Verantwortung schadet niemandem. Aber man braucht auch die andere Art von Verantwortung.

Wenn beispielsweise ein Jugendlicher, der seine Mitschüler tyrannisiert, zu mir sagt: »Ich weiß nicht, was ich tun soll, weil es da diesen Druck der Gruppe gibt ... ich muss es dann einfach wieder tun«, dann würde ich ihn nicht wegschicken! Stattdessen würde ich zu ihm sagen: »Das ist wirklich schade, dass du dich nicht dazu entschließen kannst, deine Mitschüler in Frieden zu lassen. Aber ich lass dich auf keinen Fall los! Du bleibst hier, bis du das gelernt hast. Denn du bist selbst für deinen Mund und deine Hände verantwortlich, und wenn du die Gruppe dafür verantwortlich machst, dann bist du anscheinend noch nicht wirklich vierzehn Jahre alt. Dann bleibst du jetzt hier bei uns.« Ich würde einem jungen Menschen, der Drogen nimmt oder seine Mitschüler mobbt, niemals sagen: »Jetzt musst du gehen.«

Ich glaube schon, dass wir Menschen uns zivilisiert benehmen können. Aber die Haut dieser Zivilisation ist bekanntlich sehr dünn – zumindest bei mir. Wenn sich in einer Schulklasse ein mobbendes und ein gemobbtes Kind befinden, dann haben wir zwei Mitschüler ohne Selbstgefühl. Hinzu kommt der Zuschauereffekt bei den anderen – einer dieser primitiven Mechanismen, von denen nicht nur Reality-Shows leben. In so einer Situation kommt es darauf an, dass wir Erwachsenen die Führung übernehmen, statt alles einfach laufen zu lassen.

Ganztagsschulen

Die Ganztagsschule ist ja ein Traum dieser Gesellschaft. Da haben wir endlich die volle Kontrolle und dann müssen die armen Kinder nur noch zweieinhalb Stunden pro Tag mit ihren Eltern verbringen. Ich denke zwar auch, dass wir Schulen brauchen, in denen verschiedene Arten von Intelligenz gefördert werden, aber die Ganztagsschule für alle wäre meiner Meinung nach eine Katastrophe. Aber ich bin kein Politiker und habe Gott sei Dank keine politische Macht.

Meine große Sorge hat nichts mit Wissensvermittlung oder der Qualität des Unterrichts zu tun. Meine große Sorge dreht sich um etwas anderes. Manche Jugendliche sagen es ganz deutlich: »Wir wollen keine Ganztagsschule, weil wir auch Zeit mit Freunden verbringen wollen.«

Kindern und Jugendlichen mangelt es heute vor allem an Zeit, die sie ohne die Einmischung von Erwachsenen verbringen können. Kinder müssen auch unter sich sein dürfen, miteinander kämpfen, Abenteuer erleben und vieles mehr.

Auf der Bildungsebene – wenn es darum geht, was für Kinder unsere Gesellschaft will – hätte die Ganztagsschule vermutlich einige Vorzüge. Zumindest die dänischen Politikerinnen sind ganz scharf darauf. Aber aus Sicht der Kinder überzeugt mich dieses Konzept einfach nicht.

Ich möchte jetzt auf die verhaltensauffälligen Jugendlichen zurückkommen und darauf, wie wir diesen jungen Menschen begegnen können. Stellen wir uns einfach einen Jugendlichen vor, der seit drei Monaten nicht in der Schule war, der wochenlang nicht mehr mit seiner Mutter geredet hat, der ein bisschen klaut und raucht und schlechte Freunde hat und so weiter. Wie begegnen wir diesem jungen Menschen? Wie mache ich das, ohne mich zugleich von einer geheimen Agenda korrumpieren zu lassen? Diese Agenda lautet selbstverständlich: *Wir wissen genau, was das Beste für dich ist!*

Deutschland ist ja in dieser Hinsicht ein »wahnsinniges« Land – wahnsinnig gut, aber auch wahnsinnig komisch –, weil hier alle glauben, dass Schule in jedem Fall das Beste ist. Wenn ein Kind zur Schule geht, dann können sich alle entspannen. Allerdings muss ich ganz ehrlich sagen, dass es kaum eine Schule in Deutschland gibt, auf die ich mein Enkelkind freiwillig schicken würde. Und das hat nichts mit den Lehrerinnen zu tun, das ist eine ganz andere Geschichte.

Manchmal glaube ich, wir sollten die Schulen einfach für fünf Jahre schließen, um die Jugendlichen wirklich zu erreichen – ganz ehrlich! Oder wir warten so lange, bis wir endlich Bildungsministerinnen mit Visionen bekommen. Denn eine neue Struktur macht es nicht besser, solange an den Schulen die alte Führung beziehungsweise Nicht-Führung besteht.

Vertrauen statt Dressur

An norwegischen Schulen verteilen sie jetzt Bonuspunkte. Sie gehen also zurück zu Pawlow mit seinen Hunden und den kleinen Belohnungen. Wenn die Erwachsenen ein Kind sehen, das etwas Schönes macht – also etwas, das die Erwachsenen schön finden –, bekommt das Kind einen Bonuspunkt. Und wenn es zehn davon gesammelt hat, kann es die gegen einen großen Bonus eintauschen. Das nennen die Leute dort Anerkennung – du lieber Gott!

Ich habe in Berlin davon erzählt und mich ein bisschen lustig darüber gemacht. Da hat sich die Leiterin eines Berliner Kindergartens zu Wort gemeldet: »Wir machen das in unserem Kindergarten auch.« – »Aber warum?«, habe ich sie gefragt. »Weil wir nur fünf Erwachsene und fünfundzwanzig Kinder sind«, hat sie geantwortet. »Sonst schaffen wir es nicht, dass die Kinder nachmittags aufräumen.«

Also wenn es fünf Erwachsenen nicht gelingt, die Kinder zum Aufräumen zu bewegen, ohne ein Belohnungs-Bestrafungs-System einzuführen, ist das ein pädagogisches Armutszeugnis. Da man Kinder aber eigentlich nicht mehr bestrafen will, ignoriert man sie einfach oder setzt sie auf den »stillen Stuhl«. Aber das ist alter Wein in neuen Schläuchen.

Was mir Sorge bereitet, ist der Umstand, dass diese Art von Manipulation inzwischen auch die Jugendarbeit prägt. Bei einer Dreijährigen mag das ja wunderbar funktionieren. Die sagt: »Mama, heute habe ich fünf Punkte gekriegt! Bin ich nicht gut?« Aber eine Fünfzehnjährige kommt ja nicht mit so einem Satz nach Hause. Meine Frage lautet: Wollen wir diesen Kindern nicht endlich auf eine ganz neue Art vertrauen, statt zu erwarten, dass sie alles so machen, wie wir uns das vorstellen?

Beziehung statt Projektarbeit

Ich komme noch mal auf die beiden Jugendlichen zurück, die an einer Münchner S-Bahn-Station einen Mann umgebracht haben. Die Leiterin des Jugendamts hat dazu nur eines gesagt: »Das geht uns nichts an. Dafür sind wir nicht zuständig.« Du lieber Himmel! In so einer Situation brauchen Jugendliche das Jugendamt! Aber die Aussage dieser Frau steht für eine bestimmte politische Haltung. Und die armen Mitarbeiterinnen geben sofort klein bei und sagen, dass auch sie nichts tun können.

Zwei junge Menschen haben einen Mann umgebracht. Ich kenne ihre Geschichte nicht, doch wenn so etwas passiert, haben Lehrerinnen, Eltern, Psychologinnen und das Jugendamt ihre Entwicklung jahrelang begleitet! Was auch bedeutet, dass diese Instanzen – auch das Jugendamt – eine Mitverantwortung tragen. Nicht mehr und nicht weniger.

Dieselbe Gesellschaft, die glaubt, sich so einfach aus der Affäre ziehen zu können, erwartet von Jugendlichen, dass sie sich verantwortlich verhalten.

Ich möchte ein Beispiel zur Arbeit von Jugendämtern erzählen: Ein vierzehnjähriges Mädchen war drei Monate lang nicht in der Schule. Ihre Akte liegt beim Jugendamt auf dem Tisch, die Leute dort haben aber keine Zeit, sich um sie zu kümmern. Das Mädchen kommt aus einer guten Familie, bisher ist sie nie sonderlich aufgefallen, und so hoffen die Mitarbeiterinnen, dass sich das Problem von alleine löst. Das tut es aber nicht und die Eltern sind verzweifelt. Als eine Mitarbeiterin des Jugendamts zufällig in dem Stadtteil unterwegs ist, in dem die Familie wohnt, beschließt sie spontan, das Mädchen anzurufen. »Hallo, ich bin Frau Soundso vom Jugendamt, kann ich mal kurz bei dir vorbeikommen?« – »Wenn Sie mit mir über die Schule reden wollen, dann auf keinen Fall!«, antwortet das Mädchen. »Nein, nein«, versichert die Frau.

»Ich hab nur gerade an dich gedacht und mich gefragt, wie es dir geht.« – »Okay, dann können Sie vorbeikommen.«

»Wie geht es dir?«, fragt die Frau, nachdem das Mädchen ihr die Tür geöffnet hat. Die beiden unterhalten sich ein wenig, und als die Frau fragt, ob sie wiederkommen darf, ist das Mädchen einverstanden. »Solange wir nicht über die Schule reden!«, fügt sie hinzu.

Beim nächsten Besuch gehen die beiden ein bisschen spazieren. »Was möchtest du später mal machen?«, fragt die Frau. »Das sage ich Ihnen nicht«, antwortet das Mädchen. Denn sie ist ja clever und weiß genau, dass die Erwachsenen ein Projekt aus ihr machen, wenn sie jetzt etwas Konkretes äußert. »Okay«, entgegnet die Frau, »das heißt, du hast ein Ziel?« – »Ja, habe ich.«

»Bist du eigentlich ein Mensch, der sich einfach treiben lässt? Oder setzt du dich zu Hause hin und machst dir einen Plan?« – »Keine Ahnung«, antwortet das Mädchen. »Okay, darf ich nächste Woche wiederkommen?« – »Ich rufe Sie lieber an«, entgegnet das Mädchen.

Zehn Tage später ruft das Mädchen die Frau an und sagt: »Jetzt dürfen Sie kommen. Und diesmal können wir auch über die Schule reden.« Die Frau kommt zu ihr nach Hause, woraufhin das Mädchen erklärt: »Ich habe darüber nachgedacht und gemerkt, dass ich unbedingt einen Plan brauche. Hier ist mein Plan: Ich will gern die Schule beenden und meinen Abschluss machen.«

Dieses Mädchen hatte in den vergangenen Tagen fünf, sechs verschiedene Behörden und Ämter angerufen und sich erkundigt, welche Möglichkeiten sie hat, welche Nachweise gebraucht werden etc.

Das ist eine wunderschöne Geschichte. Das Mädchen ist

wieder zur Schule gegangen und alles lief dort wunderbar. Aber es ist auch eine schreckliche Geschichte, denn als die Frau vom Jugendamt ihrem Chef vom Austausch mit dem Mädchen berichtete, hat der sie zurechtgewiesen: »So etwas machst du nie wieder! So arbeiten wir hier nicht!« Wenn das die Reaktion unserer Gesellschaft ist, dann liegt wirklich etwas im Argen.

Ich möchte, dass die Sozialpädagoginnen und Psychologinnen zu solchen Jugendlichen eine Beziehung aufbauen können und wollen, die keine Vorbedingungen hat. Eine Beziehung, die kein bestimmtes Ziel anstrebt und von niemandem eine konkrete Leistung verlangt. Die Jugendlichen werden dieses Vertrauen doppelt und dreifach zurückzahlen.

Überforderung oder Herausforderung?

Ein Mann: Also, ich kann nachvollziehen, dass wir den Jugendlichen die Verantwortung zugestehen, die sie ja auch einfordern. Doch bei einem Fünfjährigen frage ich mich, inwieweit wir ihn damit vielleicht überfordern. Was würden Sie tun, wenn er keine Antwort geben würde?

Juul: Dann hätte ich ihn noch mal gefragt. Aber es kann natürlich passieren, dass ich als Vater oder Mutter keine Antwort bekomme. Dann muss ich in mich gehen und mich fragen, was los ist. Warum mein Sohn plötzlich so wütend ist, dass er etwas tut, von dem er weiß, dass es falsch ist. Wenn ein Kind genau weiß, dass man etwas nicht tut – warum tut es das trotzdem? Darüber würde ich nachdenken. Bei einer Familie mit einem neuen Geschwisterkind würde man wahrscheinlich schnell bei Freud landen und sagen: *Ah, die kleine Schwester. Er ist eifersüchtig. Deshalb hat er das getan.* Doch leider ist das nicht richtig. Ich persönlich sehe keinen anderen Weg, als dem Kind etwa Folgendes zu sagen: »Ich weiß, dass irgendetwas los ist. Aber ich weiß nicht, was. Normalerweise würdest du so etwas nie tun. Und deshalb interessiert es mich.« Warum der Junge damit überfordert sein sollte, verstehe ich nicht.

Mann: Der Junge weiß ja, dass er etwas Falsches getan hat. Aber wenn er nun die ganze Nacht grübelt und keine Antwort findet, dann überfordert ihn das vielleicht.

Juul: Ja, und? Was gibt es für eine Alternative?

Mann: Ich habe keine, ich frage Sie.

Juul: Ich glaube, es gibt unter Menschen nur diese eine Möglichkeit. Unter Partnern oder mit erwachsenen Kindern ist es ja genauso. Meine Frau tut etwas, das sie normalerweise nicht tun würde oder das eigentlich nicht ihrem Wesen entspricht. Dann frage ich mich natürlich, was für Gründe es geben mag.

Das deutsche Wort »Überforderung« ist ein interessantes Konzept. Wer entscheidet denn, was Überforderung ist? Und kann man überhaupt überfordert sein? Nehmen wir einmal an, dass ich als Kind eine Krise in der Beziehung zu meiner Mutter erlebe. Die stand mir in den ersten viereinhalb Jahren meines Lebens hundertprozentig zur Verfügung, doch jetzt sind es nur noch fünfzig Prozent. Außerdem scheint sie manchmal ein bisschen irritiert von mir zu sein und so weiter. So etwas habe ich noch nie erlebt! Deshalb stecke ich jetzt in einer Krise, die fordernd und herausfordernd ist. Dennoch glaube ich nicht, dass sie mich »überfordert«, denn so etwas passiert nun mal unter Menschen – und zwar in jedem Alter.

Von Erzieherinnen oder Familienberaterinnen höre ich auch ab und zu, diese oder jene Mutter sei überfordert. Für mich heißt das aber nur, dass diese Frau ständig herausgefordert wird. Und wenn sie diese Herausforderung nicht annimmt, wächst sie ihr mehr und mehr über den Kopf. Aber das heißt ja nur, dass sie dringend etwas unternehmen muss.

Wenn man ein störungsfreies Leben ohne Herausforderungen haben möchte, sollte man lieber allein leben. Denn Beziehungen fordern uns immer. So ist das eben.

Es gibt allerdings ein Phänomen, mit dem Kinder wirklich überfordert sind, und an dieser Stelle hat das Wort seine Berechtigung: wenn sie zu viel oder sogar die ganze Verantwortung für ihre Eltern übernehmen müssen. Wenn man sich jedoch in einer Eltern-Kind-Beziehung dazu entscheidet, seiner Tochter gewisse Verantwortungen zu übertragen, dann merkt man sehr schnell, ob das vielleicht ein halbes Jahr zu früh war.

Frustration und Angst

Eine Mutter: Ich habe eine Frage zum Thema Kritik. Wenn ich keine Kritik an meinen Kindern üben kann, wo bleibt dann meine Führung? Es gehört doch zu meiner Verantwortung, den Kindern zu sagen, wenn sie sich falsch verhalten!

Juul: Wie lange haben Sie diese Art von Führung ausgeübt?

Mutter: Meine Kinder sind jetzt vierzehn und siebzehn Jahre alt.

Juul: Waren Sie damit erfolgreich?

Mutter: Nein, deshalb bin ich ja hier. Mein Sohn spricht gerade nicht mit mir. Und meine Tochter ist eine Zicke. Was hätte ich denn anders machen sollen? Also grundsätzlich sind meine Kinder schon in Ordnung, aber sie sind einfach sehr eigen.

Juul: Und Sie glauben nicht, dass diese Probleme mit Ihrer Beziehung zu Ihren Kindern zu tun haben? Sie glauben, das ist genetisch vorprogrammiert?

Mutter: Was denken Sie denn, was ich falsch mache?

Juul: Nicht falsch. Aber ich glaube, wenn ich eines Ihrer Kinder wäre und hören würde, wie meine Mutter über mich spricht, dann würde ich mich sehr unwohl fühlen.

Mutter: Wie soll man denn besser über seine Kinder sprechen?

Juul: Viele Eltern reden über ihre Kinder, wie Sie es tun, wenn sie alles versucht haben und nicht so erfolgreich damit waren, wie sie gern gewesen wären. Das gilt für alle Liebesbeziehungen. Diese Eltern sind also frustriert. Ich höre hier eine frustrierte Mutter. Und ohne diese Frustration – da haben Sie ja recht – geht es auch nicht. Solche Stunden, Tage oder Wochen müssen sein, so ist es einfach. Trotzdem möchte ich gern sagen, dass es absolut möglich ist, anders mit den eigenen Kindern zu reden, ohne dadurch seine Autorität zu verlieren.

Mutter: Und wie?

Juul: Können Sie mir ein Beispiel aus Ihrem Leben geben?

Mutter: Ja, mein Sohn ist das größte Problem. Er ist siebzehn und hat mit seinen Freunden das Koma-Saufen entdeckt. Die saufen sich richtig weg. Und ich habe totale Panik, dass er mir völlig abrutscht. Momentan kommt er noch nach Hause und schläft seinen Rausch aus. Doch irgendwann kommt er vielleicht gar nicht mehr. Ich mache mir große Sorgen. Und wir streiten jedes Mal deswegen. Ich muss ihm ja nicht sagen, dass Saufen Mist ist, das weiß er ja. Ich sage ihm aber: »Wenn du so weitermachst, säufst du dir dein Hirn weg. Du wirst nie erfolgreich sein, wenn du dich dumm säufst!« Es ist ja erwiesen, dass Alkohol die Gehirnzellen zerstört.

Juul: Und Sie glauben, das weiß er nicht?

Mutter: Doch, natürlich. Deshalb weiß ich ja gar nicht mehr, was ich noch sagen soll. Er weiß das alles selbst, aber er hört einfach nicht auf.

Juul: Wenn Sie nicht mehr wissen, was Sie sagen sollen, ist das gut! Dann können wir nämlich darüber sprechen, was es hier *eigentlich* zu sagen gibt. Was gibt es in Ihrem Herzen, in Ihrem Bauch und in Ihrem Kopf, das zu sagen wäre?

Mutter *(denkt lange nach)*: Dass ich Angst habe.

Juul: Und was noch?

Mutter: Reicht das nicht? Ich habe Angst um meinen Jungen.

Juul: Ich weiß nicht, ob das reicht. Ich will nur wissen, ob das alles ist, was da ist, oder ob da noch mehr ist.

Mutter: Ich habe Angst, dass er nicht mehr damit aufhört. Und dass ich es nicht geschafft habe, ihn davon abzubringen. Dass ich es verbockt habe. Warum säuft der sich so weg? Warum findet der das so toll? Was ist denn an uns Eltern so falsch?

Juul: Diese Art von Fragen kann man als Jugendlicher nicht beantworten. Ich habe damals ab und zu ein bisschen Kleingeld von meinen Eltern geklaut. Manchmal haben sie das bemerkt und mich um elf Uhr nachts geweckt. Dann saßen wir am Tisch und sie haben gefragt: »Warum machst du das?« Und ich wusste, dass ich ihnen nicht die Wahrheit sagen konnte. Die Wahrheit war nämlich, dass ich Geld brauchte. Deshalb habe ich das gemacht. Was soll man also sagen? Und Ihr Sohn kann Ihnen Ihre Fragen auch nicht beantworten.

Mutter: Warum konnten Sie Ihren Eltern nicht sagen, dass Sie Geld brauchten?

Juul: Weil sie gelogen hätten. Natürlich hätten sie gesagt: »Du kannst doch jederzeit zu uns kommen und fragen.« Aber ich wusste, dass das nicht stimmt. Sonst hätte ich es ja gemacht. Also ich hätte schon fragen können, aber meine Eltern haben nie Ja gesagt. Dass Ihr Sohn weiß, was er tut, ändert ja nichts an seiner Situation. Und er kann eigentlich nichts sagen, das seiner Mutter weniger Angst machen würde. Er kann zum Beispiel nicht sagen: »Ich bin jetzt siebzehn Jahre auf dieser Welt, und ehrlich gesagt, bedeutet sie mir nichts. Es macht alles keinen Sinn für mich. Ich habe keine Ahnung, was ich machen soll. Mir ist eigentlich nichts wichtig.«

Mutter: Ja, das würde mich umbringen, wenn mein Sohn so etwas sagen würde.

Juul: Trotzdem ist es das, was viele Jugendliche eigentlich zu sagen haben. Aber sie sagen es nicht, weil sie ihre Eltern nicht zusätzlich ängstigen wollen. Ihr Sohn könnte auch sagen: »Ich weiß nicht, warum ich das mit dem Koma-Saufen mache. Wir tun es eben alle.«

Mutter: Das Ganze ist so bedrohlich für mich, dieses Gefühl: Hilfe, was jetzt?! Wie ist der erreichbar? Der soll damit aufhören! Ich weiß gar nicht, wie ich meine Angst in den Griff kriegen soll. Von diesem Koma-Saufen kann man ja wirklich blöd und alkoholkrank werden. Das ist kein Spaß, und ich weiß wirklich nicht, wie ich da als Mutter ruhig bleiben und mir sagen soll, dass ich im Moment eh nichts ändern kann. Wie ist denn überhaupt eine Veränderung möglich?

Juul: Erst einmal müssen Sie – wie alle anderen Mütter und Väter – die Verantwortung für Ihre Ängste übernehmen und sich sagen: Mein Sohn ist nicht für meine Angst verantwortlich – das bin ich selbst.

Mutter: Das sagen Sie einer Mutter, die starr vor Angst ist und deren Angst durch das Verhalten des Sohnes ausgelöst wird?

Juul: Ja. Und das sage ich auch einer Frau, die ihrem Mann gegenübersitzt und sagt, dass sie verrückt vor Eifersucht ist. Dieser Frau sage ich: »Für deine Eifersucht, dein Vertrauen, dein Misstrauen, deine Gefühle und deine Gedanken bist du selbst verantwortlich.« Machen Sie Ihren Sohn nicht für Ihre Gefühle verantwortlich. Er hat genug mit sich selbst zu tun.

Unsere Kinder sind nicht dazu da, uns zu schonen oder in Ruhe zu lassen. Eltern können sich entscheiden, ob sie gemeinsam mit ihren Kindern wachsen und sich mit ihnen entwickeln wollen – oder eben nicht.

Doch wenn Eltern in einer Rolle – wie der Rolle der angstvollen Mutter – stecken bleiben, dann muss ein Sohn weglaufen! Er hat gar keine andere Möglichkeit. Ich selbst habe damals eine diplomatische Entscheidung getroffen und bin zur See gefahren. Meine Mutter hatte andere Pläne mit mir und bereits mit einem Schreiner im Dorf gesprochen, bei dem ich arbeiten sollte. Doch stattdessen bin ich zur See gefahren. Hätte meine Mutter erfahren, was ich dort in zwei Jahren alles getan habe, hätte sie sich mindestens zehnmal das Leben genommen. Aber ich habe überlebt – und nicht nur das. Denn in diesen zwei Jahren habe ich viel mehr über mich und das

Leben gelernt als an jeder Schule oder Universität. Wenn der Sohn oder die Tochter sechzehn Jahre alt wird, sollten sich die Eltern schnell wieder für andere Dinge interessieren, zum Beispiel füreinander.

Wenn Teenager mit dem Koma-Saufen beginnen oder sich andere zweifelhafte Hobbys zulegen, dann brauchen sie Eltern, die wirklich verfügbar sind. Doch wenn Sie als Mutter so selbstbezogen sind, dann stehen Sie gar nicht zur Verfügung. Zu so einer Mutter kann man keinen Kontakt aufnehmen, man kann überhaupt nicht mit ihr reden.

Wenn unsere Kinder genau das tun, was wir fürchten – dann brauchen sie uns.

Womit ich nicht sagen will, dass Eltern mit allem leben müssen. Man kann seinem jugendlichen oder erwachsenen Kind auch Folgendes mitteilen: »Du hast dir da einen bestimmten Lebensstil zugelegt, und ich kann dir nur sagen, dass ich den nicht mittrage. Es tut mir zu weh. Es stört mich zu sehr. Wenn du so leben möchtest, musst du das woanders tun, aber bei mir geht das nicht.« In so eine Situation kann man natürlich auch mit seinem Partner kommen. Auch dem muss man dann klarmachen, was für ein Mensch man ist. Was man mitmacht und was nicht. Doch selbstbezogene Eltern, die sich von ihren Ängsten dominieren lassen, sind eine große Zusatzbelastung für ihre Kinder. Hinzu kommt, dass es meistens viel Lärm um nichts ist.

Außerdem darf man nicht vergessen, dass Eltern ja auch ihren Kindern viel Sorgen bereiten. Tausende von Kindern können heute Abend nicht einschlafen, weil irgendetwas mit ihren Eltern ist – das ist genau dasselbe. Wir machen einander einfach Sorgen, ob wir das nun wollen oder nicht. Eltern, die sich dadurch überfordert fühlen, sollten ihre Kinder vielleicht wieder verkaufen.

Nicht tatenlos zusehen, sondern in Beziehung sein

Eine Frau: Wenn ich Sie richtig verstanden habe, soll man erst einmal eine Beziehung zu seinem Kind herstellen, ohne sogleich ein bestimmtes Ziel zu verfolgen. Sie haben das Beispiel von dem Mädchen genannt, das nach wenigen Tagen eingelenkt hat. Aber wie lange soll man denn warten, wenn sie nicht einlenken? Wie viel Zeit soll man den Kindern geben? Was ist da noch tragbar? Was ist verantwortbar? Ein halbes Jahr, ein ganzes Jahr? Gibt es ein Limit? Wann darf man denn auch mal eine Forderung stellen? Wenn ein Kind auch nach einem halben Jahr nicht einlenkt, wie lange soll man so einem Prozess denn untätig zuschauen?

Juul: Ich wundere mich über diese Sprache: »Wann darf man denn auch mal eine Forderung stellen?« Und ich spreche nicht von Zuschauen.

Ich spreche davon, in Beziehung zu sein – und das sollte man genauso lange, wie es notwendig ist. Es gibt da kein Limit.

Es gibt ja auch bei Erwachsenen kein Limit. Warum sollte es das also bei Kindern geben? Wenn es meiner Frau schlecht geht, wenn sie Depressionen, keine Energie und keine Lust hat und so weiter, dann sage ich zu ihr ja auch nicht: »Hör mal, meine Liebe, du kriegst jetzt achtzehn Monate – mehr nicht!« Nur bei Kindern fragen wir uns, wo denn wohl das Limit ist.

Wenn man es als Erwachsene nicht ertragen kann, dass auch Kinder ihre Zeit brauchen, dann sollte man den Platz für andere Erwachsene räumen, die bereit sind, den Kindern diese Zeit zu geben. Sonst werden unsere Kinder zu Projekten.

Diese Frage »Was, wenn nicht?«, die höre ich so oft! Was für mich, offen gestanden, ein bisschen deprimierend ist. Warum hören Fachleute nicht zu? Warum sagen sie nicht so etwas wie: »Unser Alltag ist so anstrengend, wir kämpfen an so vielen Fronten und haben mehr und mehr Jugendliche, mit denen wir uns abmühen. Gibt es vielleicht eine andere Möglichkeit? Das würde uns sehr helfen.« Aber es kommt immer nur dieses etwas nörgelige: »Und was machen wir dann?«

Es gibt immer einen Zugang

Eine Psychologin: Ich arbeite auch mit Familien, und mir hat die Ebene, die Sie angesprochen haben, gut gefallen. Das mit der Beziehung und der Nähe und der Sehnsucht sowohl bei den Eltern als auch bei Kindern und Jugendlichen. Aber das alles setzt ja eine sehr hohe Selbstreflexion oder Eigenwahrnehmung bei den Eltern voraus. Wie arbeiten Sie denn mit Eltern, die wenig Zugang zu sich selbst haben?

Juul: Also, meiner Erfahrung nach ist es ein Mythos unter uns Fachleuten, dass es Eltern gibt, die wenig Zugang zu sich selbst haben. Ich gehe davon aus, dass Eltern ihre Kinder lieben und dass sie notfalls bereit sind, das eigene Leben für ihre Kinder zu opfern. Das reicht für mich. Es ist mir nicht so wichtig, ob sie mehr oder weniger reflektiert sind. Ist die Fähigkeit zur Selbstreflexion wenig entwickelt, ist das für mich nur eine pädagogische Herausforderung. Das heißt, dass ich dann noch ein bisschen härter arbeiten und noch deutlicher formulieren muss. Dann komme ich sozusagen nicht durch die Haustür, sondern durchs Kellerfenster. Aber diese Annahme, dass es Eltern gibt, die keinen Zugang zu sich selbst haben, halte ich für falsch. Da könnte ich ja auch fragen: Was sollen Eltern mit Psychologinnen machen, die keinen Zugang zu sich selbst haben?

Es ist möglich, mit allen Eltern gleichermaßen zu arbeiten, weil die meisten Themen so universell sind. Wenn zum Beispiel eine Mutter, die in Angst ist, immer etwas von oben herab über ihre Kinder spricht, dann weiß diese Mutter in der Regel, dass das nicht in Ordnung ist. Es ist nur gerade die einzige Sprache, die sie hat. Und wenn dann jemand wie ich da ist und sagt, dass er alles besser weiß, dann muss diese Mutter erst mal ihre ganze Frustration rauslassen. Was diese Mutter dann zu mir sagt, ist sozusagen nur ihre Visitenkarte. Die gibt sie mir und sagt damit: »So bin ich, das sind meine Kontaktdaten – rufen Sie bitte an!« Darum geht es.

Ich bin in meinem Leben sehr wenigen Eltern begegnet, die über ihre Kinder gesagt haben: »Mit denen bin ich fertig. Ich habe zehn Jahre mit ihnen gelebt, jetzt bin ich fertig, nimm sie weg.« Das heißt, es gibt eigentlich immer einen Zugang, auch wenn es ein bisschen dauern kann, ihn zu entdecken.

Wenn wir Fachleute Eltern begegnen, mit denen es ein bisschen schwieriger ist, müssen die Kinder unbedingt mit dabei sein! Weil wir den Eltern etwas sagen müssen, das zu hören für die Kinder geradezu lebenswichtig ist. Weil wir klarstellen müssen, wer in der Familie die Verantwortung trägt.

Dann kann ich beispielsweise zu einer Mutter sagen: »Wenn Sie Ihren Kindern gegenüber in den letzten zehn Jahren diese Art von Führung praktiziert haben, dann haben Sie viel zerstört – sowohl in der Beziehung als auch in Ihren Kindern selbst. Es ist nie zu spät, aber Sie müssen dafür die Verantwortung übernehmen – dann können wir anfangen zu arbeiten.«

Normalerweise bekommen die Kinder zu hören: »Deine Mutter liebt dich und sie ist so unglücklich – kannst du dich nicht ein bisschen besser benehmen? Das tut deiner Mutter doch weh.« Aber Mütter tun auch ihren Kindern weh.

Beziehungsfähigkeit kann man lernen

Eine Therapeutin: Ich arbeite seit dreißig Jahren mit Kindern und Jugendlichen – im Kinderheim, in der Drogenklinik, in der eigenen Praxis –, und was ich zunehmend erschreckend finde, ist die Resignation der Lehrerinnen und Mitarbeiterinnen vom Jugendamt, weil alle überbelastet sind. Ich kenne das von mir selbst, dass ich manchmal denke: Bloß raus hier und nichts mehr hören und nichts mehr sehen! Und ich frage mich, woher man den Mut und die Kraft nehmen soll, trotzdem weiterzumachen?

Ich erlebe das auch bei Lehrerinnen in der Grundschule, wo normale Schülerinnen und Schüler in der zweiten Klasse auf die Sonderschule abgeschoben werden. Ich muss dann dagegen ankämpfen und mit Tests belegen, dass das ein ganz normales Kind ist. Woher also immer wieder die Kraft nehmen? Denn auch mir geht sie so langsam aus.

Juul: Das liegt an den strukturellen Problemen und Missständen. Ich habe schon mit einigen Leuten gesprochen, die sehr gern mit Jugendlichen arbeiten wollen, die aber ihre Arbeit nicht ernsthaft machen können, weil das Jugendamt sagt: »Diese Jugendlichen müssen jeden Tag zur Schule gehen, sonst geht es nicht, weil wir in Deutschland Schulpflicht haben.«

In Dänemark haben wir zwar auch Schulpflicht, aber da weiß man auch, dass Jugendliche, die in der Schule so viele Niederlagen erlebt haben, manchmal eine mehrmonatige Auszeit von der Schule brauchen. Und bisher hat sich noch kein Mitglied unserer Regierung deshalb umgebracht. So wichtig scheint es wohl doch nicht zu sein. Man kann also durch den systemischen Widerstand, der die eigene Arbeit unmöglich macht, frustriert und ausgebrannt sein.

Das andere ist: Wenn man mit Menschen arbeitet und jeden Tag um fünf Uhr nachmittags komplett erledigt ist, muss man die eigene Arbeitsweise modifizieren, muss vor allem die Beziehungen zu den anderen Menschen mit mehr Qualität erfüllen. Man kann schon den ganzen Tag mit sehr, sehr schwierigen Fällen arbeiten, ohne davon komplett ausgelaugt zu werden. Dazu braucht es Verantwortung – in diesem Fall vor allem die Verantwortung sich selbst gegenüber.

Sagen wir, jemand hat ein Gespräch mit einer Jugendlichen und merkt nach ein paar Minuten, dass diese Jugendliche nicht bereit ist, eine Entscheidung für sich zu treffen – dann sollte man sich nicht vornehmen, sie in den nächsten achtzehn Monaten zu motivieren, eine Entscheidung zu treffen. Motivieren hilft da nicht. Das ist eine Wahl, die jeder Mensch für sich selbst treffen muss.

Es ist das Gleiche, wenn jemand Alkoholikerin ist. Ich höre als Alkoholiker nicht mit dem Trinken auf, weil es meiner

Frau oder meinen Kindern wehtut oder weil ich Geldsorgen habe. Ich höre auf zu trinken, wenn ich es selbst will und wenn ich endlich Verantwortung für mich übernehme.

Wenn man also die Arbeit mit anderen Menschen als sehr erschöpfend empfindet, muss man sich fragen, *wie* man arbeitet, was mit den Inhalten der Arbeit erst einmal nichts zu tun hat.

Heute wissen wir viel über Beziehungsfähigkeit, wie wir fruchtbare Beziehungen zu anderen Menschen gestalten können.

Beziehungsfähigkeit ist nicht einfach ein Talent, das gewisse Menschen haben. Menschen, die sich Beziehungsfähigkeit aneignen möchten, können das ganz einfach lernen.

Es dauert ein paar Jahre, aber es ist möglich. Darum geht es auch in dem Buch *Vom Gehorsam zur Verantwortung*, das ich zusammen mit Helle Jensen geschrieben habe. Wenn man diese Beziehungsfähigkeit entwickelt, entdeckt man, dass das Arbeiten viel mehr Spaß macht und beide Seiten mit Freude und Energie erfüllt werden.

Was für Wertvorstellungen leiten uns?

Ich war einmal auf einem Symposium, auf dem ein Professor für Sozialpädagogik den fünfhundert Zuhörern erzählt hat, dass es mehr und mehr junge Jugendliche gäbe, die unerreichbar für Pädagogik seien. Dann hat er hinzugefügt: »Und niemand weiß, was man dagegen tun soll.« In der Pause bin ich zu ihm gegangen und habe ihm gesagt: »Ich weiß es.« Worauf er in seinem Professorenton entgegnet hat: »Ach, wirklich? Da bin ich ja mal gespannt.« – »Gut, ich erzähle es Ihnen gerne. Aber es wird vier Tage in Anspruch nehmen, weil ich zuerst ein bisschen freien Raum in Ihrem Kopf schaffen muss. Danach kann es losgehen.«

Da wir hier nicht so viel Zeit haben, möchte ich Sie bitten, selbst ein bisschen Platz in Ihren Köpfen zu schaffen. Paradigma bedeutet ja Blickwinkel, Perspektive, und es geht hier auch darum, die alten Begriffe durch neue zu ersetzen. Ich habe 1967 begonnen, im Bereich Sozialpädagogik zu arbeiten, zuerst in einem Heim für Neun- bis Siebzehnjährige, was überaus lehrreich war. Es gab dort eine pädagogische Auseinandersetzung zwischen den älteren und den jüngeren Mitarbeitern: Die älteren waren sehr autoritär und haben Wert auf Struktur und Konsequenzen und dergleichen gelegt. Die jüngeren hingegen haben mich zur Seite genommen und gesagt: »Das bringt doch alles nichts. Setz dich lieber mit den Jugendlichen unter einen Baum und rauch eine mit ihnen.«

Wir denken oft in Gegensätzen. Manche Hirnforscherinnen sagen sogar, wir denken ausschließlich so: Gehorsam oder Ungehorsam, autoritär oder frei – als gäbe es nichts dazwischen und keine Alternativen. Mittlerweile haben wir aber eine Menge Erfahrungen gesammelt, und so gibt es viele alternative Einrichtungen und Projekte, die sich inzwischen bewährt haben. In Dänemark gibt es zum Beispiel eine Einrichtung für Erwachsene, die ihre Jugend in Heimen verbracht haben, in denen man versucht hat, sie zu »richtigen Menschen« zu erziehen. Darunter leiden diese Menschen noch heute, und in diesen Einrichtungen schaffen sie es, sich ein bisschen von ihren schlimmen Erfahrungen zu erholen. Wir wissen heute sehr viel über diese Vorgänge, aber merkwürdigerweise wird dieses Wissen viel zu wenig in unsere Arbeit integriert und von manchen nicht ernst genommen.

Ich möchte ganz klar sagen: Wenn ich kritisch bin – und ich bin sehr kritisch –, dann bin ich das nicht gegenüber einzelnen Fachleuten, sondern vor allem gegenüber unserer Politik und unseren Institutionen. Denn die bürokratischen und die fachlichen Wertvorstellungen haben sich immer weiter auseinanderentwickelt, und heute dominieren die bürokratischen Wertvorstellungen mehr als je zuvor.

Die Jugendlichen sind quasi das neue Feindbild in unserer Gesellschaft und per se eine Zumutung. Meiner Ansicht nach ist das schrecklich!

In Schweden habe ich gelesen, dass ein vierzehnjähriges Mädchen, das sich geritzt hatte, in die geschlossene Abteilung einer psychiatrischen Klinik eingewiesen wurde. Nachdem sie sich auch dort einmal die Haut aufgeritzt hatte, wurde sie vier Tage lang von den übrigen Patienten isoliert. Sie ritzte sich wieder und bekam sogenannte Schutzhandschuhe, mit denen man seine Hände nicht mehr benutzen kann. Das ist so tragisch! Es ist nicht nur tragisch, dass wir so etwas überhaupt erlauben, sondern auch, dass ausgebildete Fachleute so etwas tun, noch dazu mit gutem Gewissen. Ich kann es kaum glauben, aber so ist es. Und wir sollten sofort damit aufhören.

Ein neues Menschenbild

Unser Bild vom erwachsenen Menschen hat sich in den letzten dreißig Jahren fundamental verändert. Die moderne Psychotherapie und die psychologische Forschung haben uns ein völlig neues Menschenbild vermittelt. Die pauschalen Diagnosen von früher haben wir über Bord geworfen; heute gibt es keine »Neurotiker« mehr – oder wir sind alle Neurotiker und Neurotikerinnen. Diese veränderte Sichtweise ist fraglos ein großer Fortschritt.

Bankangestellten, die einen Überfall erlebt haben, lassen wir Hilfe zukommen, weil man heute weiß, dass so ein Erlebnis traumatisierend ist und man die Leute mit ihrem Trauma nicht alleinlassen darf. Wir geben ihnen sogar mehrere Wochen frei, damit sie sich ein bisschen erholen können. In den skandinavischen Ländern ist es gesetzlich verankert, dass Erwachsene, die am Arbeitsplatz gemobbt werden, Anspruch auf Hilfe haben. Wie es sich damit in Deutschland verhält, weiß ich nicht.

Das Merkwürdige daran ist: Das alles gilt nur für Menschen über achtzehn – wer zwischen sieben und achtzehn Jahre alt ist, bekommt gar keine Hilfe! Und niemand kann sich vorstellen, zu einer gemobbten Dreizehnjährigen zu sagen: »Hör mal, wenn es dir gerade so schlecht geht, dann macht es keinen Sinn, zur Schule zu kommen. Dann bleib lieber zwei, drei Wochen zu Hause, das ist viel besser für dich.« Alle reden hingegen so, als wäre Schule die Universalmedizin für alles.

Dabei hat sich unser Verständnis gerade von Kleinkindern enorm verändert. Der Paradigmenwechsel fand um 1990 herum statt. Alles, was ich zu Beginn der Siebzigerjahre als Lehrer und Vater über Entwicklungspsychologie gelernt habe, spielt heute keine Rolle mehr. Unter anderem haben wir gelernt, dass Kinder nicht nur kooperieren, sondern auch mit sozialen Fähigkeiten – beispielsweise der Fähigkeit zur Empathie – geboren werden. Und wir haben in den letzten zwanzig Jahren versucht, dieses neue Wissen in unseren Familien und Kindertagesstätten zu berücksichtigen. Nur mit den Jugendlichen und den alten Leuten ist nichts passiert. Mit Jugendlichen tun wir heute genau dasselbe wie vor fünfzig Jahren. Und unser Umgang mit alten Menschen ist noch schlimmer. Als könnten wir nicht sehen und anerkennen, dass Menschsein nicht vom Alter abhängt. Wir sind als Menschen geboren, und wir sind auch dann noch Menschen, wenn wir Alzheimer haben.

Zwei der wichtigsten Quellen für unser Wissen sind die Individualtherapie und die Psychotherapie mit Familien. Das meiste, was wir über sogenannte verhaltensauffällige Kinder wissen, stammt aus einer Zeit, in der wir überhaupt nichts über Familien wussten. Wir wussten nur, dass es schlecht war, wenn der Vater immer betrunken war oder wenn es Gewalt oder sexuelle Übergriffe gab – aber das ist etwas anderes.

Die Systemtheorie – wohl die anerkannteste Theorie der Welt – hat uns sehr geholfen, zu verstehen, dass das Verhalten von einzelnen Menschen nur ein Symptom ist.

Das Verhalten von Jugendlichen ist oft nur ein Signal, mit dem sie eigentlich sagen: Hallo, mir geht es nicht gut!

Die Neurowissenschaft hat fast all unsere Erkenntnisse bestätigt, insbesondere was das Verhalten von Kindern und Jugendlichen betrifft. Und die Sozialwissenschaft hat ein bisschen länger gebraucht, ist aber auch zu einer wichtigen Quelle für neue Erkenntnisse geworden.

Mittlerweile haben wir die Macht den Spezialistinnen übergeben. Und ich glaube, wir wissen alle, was eine Spezialistin ist, nämlich eine Person, die sehr viel über sehr wenig weiß. Das heißt, es gibt sehr viele Fachleute, die mit Jugendlichen und Kindern arbeiten, aber keine Ahnung von Familien haben.

Was natürlich nicht funktionieren kann. Wir fokussieren uns mehr und mehr auf die Symptome als auf das Verhalten. Und wir sagen ständig, dass wir dies und jenes nicht akzeptieren oder tolerieren wollen. Heute ging es in den Nachrichten mal wieder um eine Gruppe von Jugendlichen, die einen Erwachsenen überfallen und ausgeraubt haben, und natürlich wird die Frage gestellt: »Wollen wir das tolerieren?« Was für eine Frage? Nein, natürlich wollen wir das nicht tolerieren. Also reden die Politikerinnen von »null Toleranz«. Und hilft das? Nein, das hilft nie.

Wir müssen uns verwundbar machen

Was ist nur los mit uns? Sind wir einfach ignorant? Sind wir faul, primitiv, ängstlich oder hilflos? Ich glaube, wir sind alles zugleich. Ich erlebe sehr oft, dass Erwachsene – auch Fachleute – Angst haben. Ich glaube, dass vor allem die Erwachsenen, die mit ganz normalen Kindern und Jugendlichen zu tun haben, mehr Angst haben als früher.

Ich spüre sehr deutlich, dass alle voller Sorgen und Bedenken sind. Was riskieren wir, fragen wir uns, wenn wir uns wirklich verwundbar machen? Aber wir *müssen* uns verwundbar machen, um erfolgreich zu sein. Daran führt kein Weg vorbei.

Denn unsere bisherige Erfolgsquote ist gering. Ich weiß nicht, warum wir uns damit abfinden und unser Scheitern weiterhin den Jugendlichen in die Schuhe schieben. Weil wir sie nicht erreichen, erklären wir sie für unerreichbar. Das ist so primitiv, dass es manchmal schwer zu glauben ist. Stellen Sie sich vor, Sie würden in der Werbung arbeiten und dann verkaufen sich die Produkte nicht, und Sie sagen: »Die Kunden sind unmöglich! An die kommt man einfach nicht ran. Da können wir auch nichts machen.« Das ist so unglaublich primitiv! Doch aus irgendeinem Grund akzeptieren wir das.

Wir sollten also sofort unsere Einstellung ändern und nicht die Jugendlichen für unerreichbar erklären.

Dieses moralische Doppelspiel ist ja ein alter Trick der Erwachsenen: Wenn meine Beziehung zu Kindern erfolgreich ist, ist das mein Erfolg. Und wenn sie nicht erfolgreich ist, dann sind die Kinder schuld. Dieses Doppelspiel haben wir schon als Kinder durchschaut. Und wir wussten auch, dass es nicht richtig war, aber wir konnten nichts dagegen tun. Heute können die Kinder und Jugendlichen etwas tun, und Gott sei Dank nutzen sie diese Möglichkeit auch. Doch den Schlüssel für die Lösung des Ganzen haben die Erwachsenen in der Hand. Die Lösung ist ganz einfach und überaus simpel: Wenn die Erwachsenen ihre Verantwortung übernehmen, dann bewirkt das ein Wunder.

Die Jugendlichen selbst fragen

Was haben wir seit dem Zweiten Weltkrieg gemacht? Wir haben auf Rahmen, Grenzen, Disziplinierung, Belohnung, Bestrafung, Arbeit und Schule gesetzt. Die Standardgeschichte läuft ja so: Da kommt ein junger Mensch daher und wir stehen da und sagen: »Hallo, herzlich willkommen!« Das war's dann aber auch schon mit der Herzlichkeit, weil wir erst mal die Hausordnung runterrattern: »Wir haben diese und jene Regeln, mit denen du jetzt leben musst. Wir wissen, dass du das bisher nicht geschafft hast, aber jetzt wird alles anders!« Natürlich ändert sich nichts. Warum sollte sich auch irgendetwas ändern?

»Du musst lernen, morgens aufzustehen, musst rechtzeitig zum Unterricht (oder zur Arbeit) erscheinen, gut frühstücken (sonst kannst du nicht lernen), rechtzeitig wiederkommen, unterwegs kein Geld versaufen und am Abend etwas Vernünftiges tun – also nicht am Computer spielen, sondern fernsehen. Wenn du so funktionierst, bist du ein richtiger Mensch und wirst ein gutes Leben haben!«

Das glaubt doch niemand! Wenn man nur *das* schafft, wird man ein schreckliches Leben haben! Aber wir erheben es zum Ziel und sagen: »Wenn du dieses Ziel erreichst – halleluja!«

Unser Erfolgskriterium Nummer eins heißt immer noch Gehorsam. Wenn die Kinder und Jugendlichen gehorsam sind, sind wir zufrieden. Dann erleben wir uns selbst als erfolgreich.

Was ja an sich eine schöne Sache und auch legitim ist – auch wenn es nicht richtig ist. Aber was hat es mit Erfolg zu tun, wenn ich mich einem jungen Menschen gegenüber so verhalte, dass er wieder gehorsam ist?

Meine Frau zum Beispiel ist nicht sehr gehorsam. Stellen Sie sich vor, dass ich eine neue pädagogische Strategie kennenlerne, und nach nur einem Monat gehorcht sie mir aufs Wort. Daraufhin halte ich irgendwo einen Vortrag und erzähle meinen Zuhörern: »So ist meine Ehe glücklich geworden.« Niemand würde mir glauben – hoffentlich! Aber man kann ja nie wissen.

Es geht bei dem Ganzen um einen sehr komplexen und scheinbar widersprüchlichen Vorgang. Die meisten Erwachsenen, die ihre Beziehung zu Kindern und Jugendlichen auf eine neue Grundlage stellen und sich gerne verletzlich machen wollen, denken meist: *Ach nein, das geht nicht. Dann wäre ich nicht mehr verantwortlich. Und ich muss doch vor allem meiner Verantwortung gerecht werden.* Merkwürdigerweise hindert sie gerade ihr Verantwortungsgefühl daran, den richtigen Weg einzuschlagen.

Wollen die Erwachsenen denn nicht lernen? Doch, eigentlich wollen sie schon – aber lieber nicht aus der Perspektive der Jugendlichen.

Ich habe viele Jahre lang Supervision gemacht. Da sitze ich also mit Fachleuten zusammen, die über ihre Schwierigkeiten mit diesem oder jenem Kind sprechen, das sie einfach nicht so

»hinbekommen«, wie sie sich das vorstellen. Deshalb mache ich heute nur noch das, was ich demokratische Supervision nenne – das heißt, die Jugendlichen müssen dabei sein. Denn die Erwachsenen stellen mir immer Fragen, die sie besser an die Jugendlichen selbst richten sollten. Von denen würden sie auch viel bessere Antworten bekommen als von mir. Aber das wollen sie nicht! Dabei wäre es kostenlos, während ich sehr teuer bin. Außerdem hätten sie dafür vierundzwanzig Stunden am Tag Gelegenheit. Sie müssten sich nicht verabreden und bräuchten weder neue Strukturen zu schaffen noch Fördergelder zu beantragen.

Neunundneunzig Prozent der Fragen sollte man den Jugendlichen selbst stellen und sehr genau auf ihre Antworten achten.

Aber diese Bereitschaft, im Austausch und im Dialog mit Kindern und Jugendlichen etwas zu lernen, das uns allein nicht gelingt, gehört nicht zu unserer Identität als Erwachsene. Wollen wir keinen Dialog? Ich glaube schon, dass die meisten Menschen Sehnsucht nach einem echten Dialog haben. Aber bedauerlicherweise wissen die meisten nicht, was ein Dialog ist. Sie verwechseln Dialog mit Auseinandersetzung, Verhandlung, Diskussion und so weiter.

Der Kern eines Dialogs besteht darin, dass zwei Menschen sich treffen und dass keiner von ihnen ein Ziel hat.

Sie setzen sich zusammen und sind neugierig und interessiert: »Ich möchte gern etwas über unser gemeinsames

Thema wissen. Ich möchte gern etwas über dich wissen, und ich möchte gern, dass du etwas über mich erfährst.« Wenn die beiden nach ein, zwei Stunden auseinandergehen, wissen sie viel mehr als vorher – über sich selbst, übereinander und über ihr gemeinsames Thema. Das ist ein Dialog – und den gibt es in unserer Realität nur sehr selten.

Stattdessen setzen wir uns nur mit Symptomen auseinander. Ein Kollege von mir, der früher Familienarzt war, hat erzählt, wie es zu Beginn der Fünfzigerjahre war: »Wenn die Menschen mit sehr starkem Husten zu uns gekommen sind, haben wir alles getan, um den Husten verschwinden zu lassen. Erst zehn Jahre später stand in unseren Lehrbüchern, dass man sich die Lunge anschauen muss, wenn Menschen so husten. Weil Husten oft ein Symptom ist, zum Beispiel für eine Lungenentzündung.« Wenn es um Jugendliche geht, wollen wir aber nichts von der Lunge wissen, sondern einfach den üblichen Hustensaft anbieten.

Eigentlich glaube ich daran, dass auch Eltern an einem echten Dialog interessiert sind. Stattdessen reden sie im Journalistinnen-Stil mit ihren Kindern und stellen ihnen eine Frage nach der anderen: »Wie geht es dir? Hast du einen schönen Tag gehabt? Wie war es in der Schule? Hast du viele Hausaufgaben auf?« Jedes vernünftige Kind hört irgendwann damit auf, sich um eine ehrliche Antwort auf die immer gleichen Fragen zu bemühen. Dann sagt es einfach: »Ja, war okay.«

Wir wollen eigentlich gern einen Dialog führen, haben aber nie gelernt, wie man das macht. Im Prinzip kann man es ganz schnell lernen, was jedoch voraussetzt, dass wir nicht mehr denken: *Ich habe recht – und du nicht. Ich bin richtig – und du verkehrt.* Denn so kann man keinen Dialog führen, das geht nicht. Leider ist das aber die Basis, auf der wir agieren.

Einsamkeit

Jugendliche, die Hilfe brauchen, waren alle Opfer von Vernachlässigung, Übergriffen und Überkooperation – ob in der Familie, in der Schule oder wo auch immer. Mit dem Thema Überkooperation beschäftigen wir uns erst seit ein paar Jahren.

Wenn wir von den sogenannten unerreichbaren Jugendlichen sprechen, sind nach meiner Erfahrung achtzig Prozent von ihnen *de facto elternlos,* wie ich das gerne nenne. Dieser Punkt ist wichtig, weil diese Kinder eine besondere Eigenschaft haben, die bei Erwachsenen eine bestimmte Reaktion auslöst. Diese Kinder sind sehr einsam – und wir können einsame Kinder nicht ertragen. Wenn wir unsere eigene Einsamkeit in den Augen eines Kindes sehen, dann wollen wir diese Einsamkeit unbedingt ungeschehen machen, wollen dem Kind unbedingt helfen. Also sagen wir zu diesen Kindern und Jugendlichen: »Komm zu mir. Und wenn du alles so mitmachst, wie ich es will, dann bist du nicht mehr einsam.« Aber das stimmt nicht, denn diese Kinder werden ihr ganzes Leben lang einsam sein. Sie haben keine Eltern gehabt, die so grundsätzliche Erwartungen wie Überblick, Erfahrung und Begleitung erfüllen konnten, auch wenn es wahrscheinlich von beiden Seiten Liebe zwischen Kindern und Erwachsenen gab.

Diesen Jugendlichen sagen wir also: »Ich weiß, was das Beste für dich ist. Du brauchst nicht einsam und authentisch zu sein – es reicht, wenn du gehorsam und kooperativ bist. Dann wird es dir viel besser gehen.« Aber wir schaffen es nicht, diesen Kindern zu helfen. Goethe hat sinngemäß gesagt: »Man spürt die Absicht und ist verstimmt.«[2]

Es ist die pädagogische Absicht, die das Kind spüren lässt: »Ich bin jetzt kein Mensch, sondern ein Objekt. Man will etwas mit mir machen.«

Wenn Jugendliche diese pädagogische Absicht spüren, macht sie das verrückt. Das heißt, unsere Art und Weise, mit ihnen in Beziehung zu treten, schafft enorme Probleme und führt zu destruktivem Verhalten.

Diese Jugendlichen, die de facto keine Eltern haben, wissen genau, dass sie auf sich allein gestellt sind, und natürlich träumen sie davon, sich zu verlieben, einen Freund oder eine Freundin zu haben, und dass irgendwann alles besser wird. Das ist ein schöner Traum, und manchmal wird er auch wahr.

Wir Erwachsenen machen allzu oft den Fehler, uns als Ersatzeltern zu fühlen und dann in diese Rolle zu schlüpfen. Am liebsten möchten wir diesen Jugendlichen sagen: »Ich weiß, dass du keine richtigen Eltern hattest oder dass deine Eltern nicht so gut waren, also komm zu mir, dann wirst du es gut haben!« Und wir wundern uns darüber, wenn die Jugendlichen sagen: »Nein, danke, aber ich will nicht. Ich bin allein, und wenn du mit mir reden willst, musst du mit mir reden wie mit einem richtigen Menschen – wie mit einem richtigen erwachsenen Menschen! Wahrscheinlich weiß ich nicht so viel wie du, ich habe nicht so viel Erfahrung. Vor allem habe ich nicht so viele gute Erfahrungen gemacht. Aber so ist mein Leben nun mal. Auf diesem Grund muss ich meine Zukunft bauen. Ich bin nicht so wie du. Ich kann vielleicht davon träumen oder auch nicht, aber es ist eine Tatsache, dass ich anders bin.«

Wenn Erwachsene *das* verstehen, verändern sich die Beziehungen zu den Jugendlichen ganz dramatisch. Doch erst einmal müssen wir begreifen, dass *Beziehung* wichtig ist. Allmählich wird uns klar, wie wichtig Beziehung innerhalb der Familie ist. Und wir sehen ganz klar, dass die Beziehungen dort, wo diese Jugendlichen herkommen, sehr schlecht sind. Dennoch verstehen wir nicht, dass auch unsere Beziehung zu den Kindern und Jugendlichen entscheidend für den Prozess ist. In diesem Punkt verhalten wir uns nicht verantwortlich.

Den Fokus auf die Familien

Nur in Zusammenarbeit und in Gegenwart der gesamten Familie bekommen wir Antworten auf Fragen wie: Wo tut es weh? Wo tut es nicht so weh? Was braucht dieser junge Mensch von uns? Und was von dem, was er braucht, können wir ihm geben?

Wenn so ein Clown wie ich daherkommt, verhalten sich Lehrerinnen auf der ganzen Welt sehr ähnlich: Sie sind dann auch ein bisschen verhaltensauffällig, präsentieren mir das größte Problem, mit dem sie sich gerade herumschlagen, und fragen mich in einem etwas patzigen Ton: »Und was sollen wir jetzt damit machen, hm?«

Eine Lehrerin hatte einen Schüler, der ein wirklich schweres Leben hatte, am Arm gefasst und gesagt: »Jetzt hörst du aber auf!« Und was hat der Junge gemacht? Er hat ihre Hand weggeschlagen und gesagt: »Hau ab, Bitch!«

Danach wusste er sofort, dass er das nicht hätte tun sollen – dass die Lehrerin ja ein Mensch ist. Er ist dann aus dem Zimmer gerannt und hat kurz darauf eine der nagelneuen Schultoiletten aus der Verankerung gerissen und aus dem Fenster geschmissen.

»Was sollen wir jetzt machen?«, wurde ich gefragt.

»Was haben Sie denn gemacht?«, habe ich zurückgefragt.

»Wir haben ihn nach Hause geschickt und gesagt, dass er die nächsten zwei Wochen nicht in die Schule kommen darf. Hätten Sie eine bessere Idee?«

»Ja, habe ich«, war meine Antwort. »Ich glaube, die Schulleiterin und die betreffende Lehrerin sollten sofort zu dem Jungen nach Hause fahren und sich bei ihm entschuldigen. Sie sollten sagen: ›Es tut uns leid! Wir haben lang gewusst, dass es dir sehr, sehr schlecht geht – nicht nur in der Schule, sondern in deinem ganzen Leben –, und wir haben nichts unternommen. Stattdessen haben wir dir immer nur gesagt, dass deine Noten besser werden müssen. Heute haben wir dich auch noch bestrafen wollen, was uns sehr leidtut, denn das sollten wir natürlich nicht tun. Du sollst wissen, dass du ab sofort herzlich willkommen bist.«

Das Interessante ist: Wenn Eltern ein Kind so vernachlässigen, kommt das Jugendamt und sagt: »Das dürfen Sie nicht.« Aber wenn die Schulen ein Kind vernachlässigen, ist das in Ordnung. Der Junge ist ja sowieso unerreichbar. »Aber wir müssen doch auch an die anderen Kinder denken«, sagten die Lehrerinnen. »Sonst glauben alle anderen hundertfünfzig Schüler, dass man ein Klo aus dem Fenster werfen darf.« Ich habe dazu nur gesagt: »Das wird nicht passieren.«

Ich hatte damals als Schüler selbst meine eigene kleine Verhaltensauffälligkeit. Für mich war das auch einfach, denn wenn man gute Noten hat, kann man sich einiges erlauben. Ich habe immer in der ersten Reihe gesessen und meine Beine auf einem anderen Stuhl abgelegt. Jeden Tag, zehn Jahre lang, hat mein Lehrer gesagt: »Das darfst du nicht!« Und ich habe entgegnet: »Das weiß ich.«

»Dann musst du damit aufhören!«

»Nein«, habe ich gesagt.

»Aber Jesper, stell dir mal vor, wenn die vierundzwanzig anderen Kinder dasselbe machen würden.«

Und ich habe immer die Wahrheit sagen können, nämlich: »Machen die aber nicht. Ich bin der Einzige, der das macht.«

Das war mein kleiner Protest, und ich muss sagen, dass er sehr erfolgreich war. Ich habe das zehn Jahre lang nicht tun dürfen – aber ich habe es trotzdem getan. Was natürlich ein wichtiger Punkt ist: Die Lehrerinnen waren freundlich zu mir, weil ich gute Noten hatte. Hätte ich schlechte Noten gehabt, wäre es damit vorbei gewesen.

Verantwortlich, überverantwortlich, unverantwortlich?

Von Familien können wir viel lernen. Wenn beispielsweise ein Kind in einer Familie lebt, in der einer der Eltern alkohol- und / oder psychisch krank ist, dann wissen wir genau, was passiert. Dann müssen die Kinder überverantwortlich werden. Dann übernehmen sie unglaublich viel Verantwortung, weil die Erwachsenen dazu nicht in der Lage sind! Und diese Verantwortung können sie sehr lange tragen, wobei es einen Unterschied zwischen den Geschlechtern gibt: Die Jungen können das normalerweise zehn, elf Jahre lang mitmachen – die Mädchen ein ganzes Leben lang.

Die soziale Verantwortung für das Kind ist immer riesengroß: »Ich übernehme die Verantwortung für meine Eltern und oft auch für meine Geschwister. Ich rufe den Arbeitgeber meines Vaters an, wenn er wieder getrunken hat und nicht zur Arbeit kommen kann. Ich schaffe es allein, in die Schule zu gehen. Ich mache sogar meine Hausaufgaben. Währenddessen streiten meine Eltern sich oder sind aus anderen Gründen nicht verfügbar. Das kann ich vielleicht zehn Jahre lang mitmachen, dann geht es nicht mehr. Dann beginne ich, Symptome zu entwickeln.«

Logischerweise zeigen sich diese Symptome auf dem Feld der Verantwortung. Das Kind hört also auf, der Schule gegenüber verantwortlich zu sein. Es kommt nicht mehr jeden Tag, es macht seine Hausaufgaben nicht, es hält Vereinbarungen mit den Lehrerinnen nicht ein.

Woraufhin die Schule im Brustton der Überzeugung verkündet: »Hier haben wir ein Kind, das unbedingt lernen muss, was Verantwortung heißt!« Und niemand sieht, dass wir hier sozusagen eine Europameisterin in Sachen Verantwortung haben.

Dieses Kind muss überhaupt nichts über Verantwortung lernen, sondern darüber, wie es besser für sich selbst sorgen kann – innerhalb seiner Familie und innerhalb der Gesellschaft.

Für das Jugendamt und alle zuständigen Erwachsenen kann es also nur ein Ziel geben: Dieser junge Mensch muss lernen, wie man am besten auf sich selbst aufpasst.

Was im Übrigen nicht nur die vernachlässigten Kinder betrifft, sondern alle Kinder – auch diejenigen, die keine Symptome entwickeln.

Ja zu sich selbst sagen – eine lebenswichtige Fähigkeit

Ich möchte eine Geschichte zum Thema Verantwortlichkeit erzählen. Der Lehrer einer norwegischen Schule hat das Jugendamt angerufen und gesagt: »Wir haben hier ein sechzehnjähriges Mädchen an der Schule, um das wir uns ein bisschen Sorgen machen. Dieses Mädchen war immer nett, süß, hübsch und verantwortungsvoll, hat immer alle Hausaufgaben gemacht. Doch in letzter Zeit kommt sie uns so traurig und niedergeschlagen vor.« Kinder, die überaus pflichtbewusst und ein bisschen selbstzerstörerisch sind, haben die Lehrer ja bekanntlich am liebsten.

Dann ist eine neue Lehrerin hinzugekommen, hat die Trauer des Mädchens gesehen und sie darauf angesprochen. Und es dauerte nur zehn Minuten, bis das Mädchen alles erzählt hat: »Ich habe mein ganzes Leben lang allein mit meiner Mutter gelebt. Meine Mutter ist chronische Alkoholikerin und psychisch krank – manisch-depressiv –, aber sie will keine Medikamente nehmen.«

Es ist eine Menge Arbeit für ein kleines Mädchen, mit so einer Mutter zu leben. Aber sie hat es geschafft, war immer gut in der Schule und hat immer alles mitgemacht. Wir haben daraufhin die Familie besucht, und ich habe der Mutter schließlich gesagt, dass ihre Tochter unbedingt woanders leben müsse. »Gott sei Dank!«, hat diese ausgerufen. »Es war schrecklich, und ich hätte das nie machen sollen, aber bitte tun Sie etwas für meine Tochter.«

Das Mädchen kam dann in eine Jugendpension, wie das in Norwegen heißt. Ich habe mit der Leiterin gesprochen und gesagt: »Dieses Mädchen ist ein bisschen anders als die anderen. Sie macht jeden Morgen ihr Bett, räumt ihr Zimmer auf, räumt ihren Teller vom Tisch ab – sie ist so richtig bürgerlich. Das ist schon okay, aber bitte loben Sie sie nicht dafür.«

Das trichtern die Pädagoginnen den Kindern ja jeden Tag ein: Man muss dieses und jenes machen, dann wird man ein guter Mensch. Die Leiterin hat nicht gleich verstanden, was ich meine. Doch nach zwei Stunden hat sie gesagt: »Alles klar, ich werde sie nicht loben.«

Zwei, drei Wochen später rief sie mich an und teilte mir mit, dass es plötzlich ein Problem gebe. Sie war fast ein bisschen glücklich darüber, denn Therapeutinnen und Sozialpädagoginnen sind unglücklich, wenn es keine Probleme gibt, dann fühlen sie sich ein bisschen arbeitslos. »Das Problem«, begann sie, »besteht darin, dass sie immer schläft. Sie geht um acht Uhr abends ins Bett, steht gegen Mittag auf, macht einen Nachmittagsschlaf und geht dann wieder früh ins Bett.«

»Wunderbar, das freut mich!«, habe ich gesagt.

»Was meinen Sie damit?«, hat die Leiterin gefragt.

»Stellen Sie sich mal vor, Sie wären sechzehn Jahre lang mit einem Alkoholiker verheiratet, der dazu noch psychisch krank ist. Und jetzt sind Sie endlich frei. Können Sie sich vorstellen, dass man da einfach nur müde ist?«

Wenn man immer die Verantwortung übernehmen musste, kann einen das ziemlich erschöpfen.

Das Mädchen und ich haben wirklich Glück gehabt, denn diese Pädagogin hat zu weinen begonnen und erzählt, dass sie sich nach acht Jahren von einem Alkoholiker getrennt hat. Sie wusste also genau, wie anstrengend das ist und wie müde man von so etwas wird.

Dann kam nach dem Sommer jemand von der Kommune, der dafür sorgen sollte, dass die Jugendlichen zur Schule gehen oder einen Job haben. Das ist ein sehr netter Mann, der auch sehr gut und beliebt bei den Jugendlichen ist. Er hat sich mit dem Mädchen zusammengesetzt und gesagt: »Hör mal, wir müssen über deine Zukunft sprechen. Weißt du, was du willst?«

»Nein, weiß ich nicht.«

»Okay, aber eins ist wichtig«, hat er gesagt, »du musst selbst wählen. Es ist deine Entscheidung. Es ist sehr wichtig, dass du irgendetwas wählst, das wirklich für dich ist.«

Das hat er innerhalb von einem Monat drei Mal wiederholt. Beim letzten Mal war er ein bisschen gestresst, weil ihm die Leute von der Kommune und vom Jugendamt im Nacken saßen und wissen wollten, wie es denn mit dem Mädchen weitergehe und was sie für Zukunftspläne habe. Ich kenne diesen Mann, er ist ein wunderbarer Mensch, der sehr freundlich und herzlich ist. Man kann ihm keinen Vorwurf machen. Er hat dann noch mal zu dem Mädchen gesagt: »Hör mal, jetzt muss es aber weitergehen. Und denk dran, du musst hinter deiner Wahl stehen, es geht hier wirklich nur um dich.«

Eine Stunde nach diesem Gespräch hat sich das Mädchen auf ihrem Zimmer umgebracht. Und warum? Weil sie so enorm verantwortungsbewusst gegenüber anderen Menschen war. Sie hat sechzehn Jahre lang funktioniert, zu Hause, mit ihrer alkoholkranken Mutter. Der freundliche Mann von der Kommune hat immer wieder betont, dass sie ihre Wahl für sich allein treffen solle, was sich ja zunächst wie ein Geschenk anhört, wie das Angebot des Jahres. Wenn man allerdings keine Ahnung hat, was das heißt – »für mich« –, dann ist das kein Geschenk! Niemand hat dieses Mädchen in den vergangenen sechzehn Jahren gefragt, was das Beste für sie wäre und was sie selbst möchte. Ihre Mutter war zufrieden, weil sie eine Tochter hatte, die für sie die Mutterrolle übernommen hat. Und die Lehrerinnen waren vollauf zufrieden, weil das Mädchen immer ihre Hausaufgaben gemacht hat, lieb und nett war und nur etwas gesagt hat, wenn sie gefragt wurde.

Hätten wir dieses Mädchen als fünfunddreißigjährige oder fünfzigjährige depressive Frau im Rahmen einer Psychotherapie kennengelernt, dann hätten wir damit begonnen, uns mit ihrer Geschichte zu beschäftigen. Wir hätten gesagt: »Mein Gott, kein Wunder! Du hast ja nie gelernt, wie man zu sich selbst Ja sagt. Jetzt wollen wir dich unbedingt dabei unterstützen, es zu lernen. Das kann ein Jahr oder auch vier Jahre dauern, aber mach dir keine Sorgen, das machen wir gern!«

Aber Jugendliche sollen das innerhalb von vierzehn Tagen schaffen!

Ich will Sie mit dieser Geschichte nicht traurig machen. Ich will nur zeigen, wie ernst die Sache ist – egal ob man acht, vierzehn oder fünfundvierzig Jahre alt ist. Trotzdem gehen wir mit den Jugendlichen um, als müssten die sich einfach nur zusammenreißen. Ich glaube, wir sollten etwas ganz anderes tun.

Selbstgefühl und Selbstvertrauen

Traditionellerweise haben wir unsere ganze pädagogische Kraft in die drei Begriffe Kooperation, Selbstvertrauen und soziale Verantwortung gesteckt. Kooperation war uns sehr wichtig, das Erfolgskriterium Nummer eins hieß: Kinder müssen mit uns kooperieren. Nach unserem herkömmlichen Verständnis von Pädagogik war damit gemeint, dass die Kinder gehorsam sind und die Regeln einhalten, die von den Erwachsenen aufgestellt werden.

Dann haben wir sehr viel Wert auf das Selbstvertrauen gelegt. Wir wollten, dass Jugendliche, die in ihrem Leben viele Niederlagen erlitten haben, einen Alltag aufbauen, in dem sie Erfolge erleben. Das konnte in der Schule, in der Werkstatt oder im Sport sein. Und wir waren überzeugt davon, dass es ihnen viel besser geht, wenn ihr Selbstvertrauen dadurch gestärkt wird. Ich muss dazu sagen, dass wir damals auch über alle anderen Menschen so gedacht haben. Selbstvertrauen war unser zentrales Anliegen.

Das Verständnis dafür, dass es eigentlich zwei Begriffe gibt, die mit dem Wort Selbst beginnen – also Selbstgefühl und Selbstvertrauen –, ist ja relativ neu. Und damals, als wir unsere pädagogischen Prinzipien formuliert haben, gab es ja kaum ein Selbst. Bei Kindern war das Selbst nicht erlaubt, die sollten sich nur anpassen und gehorsam sein. Wir haben also sehr hart und teilweise auch sehr erfolgreich daran gearbeitet, dass diese Kinder und Jugendlichen Selbstvertrauen aufbauen konnten.

Ebenso haben wir es für wichtig gehalten, dass Jugendliche soziale Verantwortung übernehmen. Dass sie lernen, nicht das Auto ihrer Nachbarin zu stehlen, sich an bestehende Regeln zu halten und nett zu ihren Mitmenschen zu sein. Unter dem Begriff sozialer Verantwortung sammeln sich sehr viele Themen. Wir reden ja noch heute sehr viel darüber, dass Kinder und Jugendliche Grenzen bräuchten.

Wir reden kaum darüber, dass Kinder und Jugendliche Grenzen ***haben****! Und mit diesen Grenzen müssen wir natürlich vorsichtig und respektvoll umgehen, wenn wir erwarten, dass die Kinder und Jugendlichen auch respektvoll mit unseren Grenzen umgehen.*

Inzwischen sind wir ein wenig klüger geworden und wissen auch, warum sich unser Erfolg damals in Grenzen hielt. Der Grund dafür ist, dass wir versucht haben, die Jugendlichen durch dasselbe Phänomen, das sie ursprünglich krank gemacht hat, zu heilen. Diese Jugendlichen haben ja viel zu viel und viel zu lange mit den Umständen in ihren Familien kooperiert und sich diesen angepasst. Sie sind sozusagen Weltmeister in Sachen Kooperation. Und wir haben ihnen gesagt: »Das verlangen wir von dir, genau wie deine Eltern. Nur, dass wir besser sind als deine Eltern.« Natürlich haben wir das nicht wörtlich so gesagt, denn das darf man ja nicht, aber so war es gemeint.

Dann haben wir entdeckt, dass Selbstvertrauen zwar ausgezeichnet ist, aber immer in Verbindung mit konkreten Aktivitäten und Fähigkeiten steht. Man kann sagen: »Ich bin eine gute Fußballerin, also habe ich viel Selbstvertrauen, wenn ich Fußball spiele.« Oder: »Ich bin sprachbegabt, also habe ich in diesem Bereich viel Selbstvertrauen.« Oder: »Ich bin musikalisch, ich kann gut kochen, ich bin eine gute Freundin ...«

Doch es ist eine Tatsache, dass wir sehr lange mit dieser Stärkung des Selbstvertrauens arbeiten können und die Jugendlichen und Erwachsenen trotzdem auf der Strecke bleiben und sagen: »Es geht mir immer noch schlecht. Ich glaube nicht, dass ich ein guter oder ein richtiger Mensch bin.«

An dieser Stelle kommt das Selbstgefühl ins Spiel, und bei diesem geht es darum: »Wie fühle ich mich mir selbst gegenüber? Was weiß ich über mich? Und wie verhalte ich mich dazu?« Die Jugendlichen, denen es schlecht geht, wurden als Kinder von den Erwachsenen, die eine Machtposition innehatten, definiert: »Du bist dies, du bist jenes. Du darfst nicht so sein. Du musst so und so sein. Du bist unmöglich.« Für das Selbstgefühl ist es extrem gefährlich, wenn ein Mensch in so einer Freundschafts- oder Liebesbeziehung lebt, da verliert man schnell den Verstand. Damals war dies jedoch die übliche Sprache der Erziehung – und sie ist es noch heute. Die Erwachsenen haben ihre Definitionsmacht benutzt, um zu sagen: »So bist du! Und so musst du sein!«

Ohne Integrität kein Selbstgefühl

Um sich als Mensch zu entwickeln, um besser mit sich selbst und anderen umgehen zu können, gibt es zwei Schlüsselbegriffe: Integrität und Selbstverantwortung. Das, was Eltern und Pädagoginnen gemeinhin unter Erziehung verstehen, ist für die Kinder oft sehr schmerzhaft und kränkend, weil es ihre persönliche Integrität nicht respektiert.

Seit Mitte der Achtzigerjahre haben wir das Selbstgefühl ins Zentrum unserer Aufmerksamkeit gerückt. Viele junge Eltern, die ich treffe, sagen mir in etwa: »So etwas wollen wir auch haben! Was kann ich da für mein Kind tun? Ich als Erwachsene kenne den Schmerz, den es bedeutet, ein geringes Selbstgefühl zu haben. Was kann ich tun, damit mein Kind das nicht auch erlebt?«

Es gibt eine Verbindung zwischen Selbstgefühl und Integrität. Meine persönliche Integrität – meine Gedanken und Gefühle, meine Wertvorstellungen und mein Körper – muss intakt sein, damit ich mich wohlfühlen und mich selbst spüren kann.

Wir kennen das von den tief greifenden Kränkungen wie sexuellen Übergriffen oder Gewalt. Kinder, die so etwas erleben, machen sich taub und gefühllos. Sie verlieren die Fähigkeit, sich selbst zu spüren, weil es einfach zu weh tut. Wenn wir also mit Jugendlichen sprechen, die sich ritzen oder Essstörungen haben, dann stehen wir vor einer großen Herausforderung, nämlich wieder eine Verbindung zwischen Kopf und Körper beziehungsweise zwischen Gehirn und Emotionen herzustellen. Wenn man sich selbst nicht spüren kann, ist es unmöglich, Selbstgefühl aufzubauen. Denn bei diesem geht es ja darum: Wer bin ich? Wie reagiere ich? Wie sind meine Gefühle? Wie sind meine Erlebnisse? Wo sind meine Grenzen? Was will ich? Was will ich nicht? Was mag ich? Was mag ich nicht?

Wer diese Fragen nur schwer beantworten kann, dem fällt es natürlich auch schwer, für sich selbst verantwortlich zu sein. Wie kann ich für mich verantwortlich sein, wenn ich mich nicht kenne?

Die Begriffe Kooperation, Selbstvertrauen und soziale Verantwortung befinden sich hingegen auf einer sozialen Ebene. Sie sind sehr einleuchtend, berühren aber gewissermaßen nur die Oberfläche. Wenn wir uns auf diese Ebene konzentrieren, signalisieren wir den Kindern damit: »Du kannst mit dem selbstzerstörerischen Verhalten, das du an den Tag gelegt hast, ruhig weitermachen. Bei uns gibt es eine Belohnung – und wenn du dich nicht so verhältst, wie wir uns das vorstellen, hat das Konsequenzen.«

Konsequenzen ist ein milderes Wort für Bestrafung.

Lassen Sie mich einen Mythos aus dem Weg räumen. Wir haben jahrzehntelang Familien studiert, aus denen verhaltensauffällige Jugendliche kamen. Und wir haben festgestellt, dass die Eltern in diesen Familien meist nicht sehr konsequent waren. Wenn das Kind also einen Wunsch geäußert hat, dann haben die Eltern fünf Mal Nein und dann plötzlich Ja gesagt. Daraus haben wir gefolgert, dass es den Erwachsenen an Konsequenz mangelt. Was letzte Woche galt, muss doch auch in dieser Woche gelten, haben wir gedacht. Diese Haltung führt jedoch zu einem doppelten Problem: Zum einen für uns Erwachsene selbst, denn wer immer und unter allen Umständen auf seinem Standpunkt beharrt, kann auch nichts dazulernen. Zum anderen für die Kinder, deren Eltern zwar nicht inkonsequent, aber inkonsistent sind. Das heißt, dass es keinen Zusammenhang gibt zwischen den Wertvorstellungen, die die Eltern nach ihren eigenen Aussagen haben, und ihrem tatsächlichen Verhalten.

Was wirklich gefährlich ist, ist inkonsistentes Verhalten. Als Erwachsene sollte man sich einigermaßen im Klaren über die eigenen Wertvorstellungen sein, um sie dann auch leben zu können.

Die existenzielle Ebene

Inzwischen erkennen wir an, dass auch Kinder existenzielle Probleme und Krisen haben. Vorher haben wir nicht geglaubt, dass es so etwas gibt – existenzielle Probleme waren etwas für Erwachsene. Tatsächlich betreffen sie aber viele Kinder.

Viele der heutigen Diagnosen werden sich in Zukunft vermutlich erübrigen. Denn wir begreifen immer mehr, dass viele Kinder und Jugendliche unter Posttraumatischem Stresssyndrom (PTSD) leiden. Und wir finden auch allmählich heraus, wodurch Kinder eigentlich traumatisiert werden. Es ist durchaus möglich, Traumata zu erleben, ohne dadurch traumatisiert zu werden. Wer aber traumatisiert wird, der verfügt über eine stark reduzierte Vitalität, Lebensfähigkeit, Lebensfreude und Lebensqualität. Wir müssen uns also dieser existenziellen Ebene widmen. Auf dieser Ebene brauchen Kinder und Jugendliche Hilfe, Unterstützung und Begleitung.

Was jedoch voraussetzt, dass sie uns vertrauen. Sie müssen uns so sehr vertrauen, dass sie sagen: »Okay, ich lasse dich herein. Eigentlich stehe ich allen Erwachsenen mehr als skeptisch gegenüber. Aber du hast mir gezeigt, dass man dir – vielleicht – vertrauen kann. Ich bin mir noch nicht sicher und immer noch auf der Hut, aber gut, ich sage jetzt erst einmal Ja.« Wenn wir als Eltern oder als Fachleute Zugang zu einem Kind haben wollen, dann müssen wir uns dieses Vertrauen verdienen – und zwar ganz persönlich, also in der jeweiligen Beziehung.

Wir können nicht erwarten, dass Jugendliche Respekt oder Vertrauen zu uns haben, nur weil wir Pädagoginnen, Therapeutinnen oder einfach Erwachsene sind. Ich möchte gern hinzufügen, dass es bei Erwachsenen ja genauso ist. Wenn man als Erwachsene Hilfe braucht, dann sucht man sich auch nicht im Internet die erstbeste Psychotherapeutin, sondern hört sich erst mal im Freundeskreis um, welche Erfahrungen es dort bereits gibt. Titel sind nicht wichtig, denen kann man nicht vertrauen. Vertrauen kann man nur Menschen.

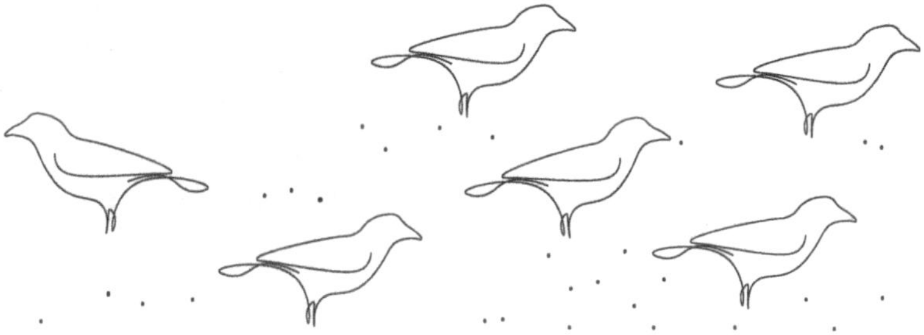

Du darfst für dich verantwortlich sein

Es geht für mich nicht darum, dass wir in pädagogischer Hinsicht weicher, liebevoller oder freundlicher sein sollten. Es geht darum, dass wir als Erwachsene relevant sind, das heißt, dass wir das sagen müssen, was wichtig ist. Ich möchte das durch ein Beispiel illustrieren:

Ein vierzehnjähriges Mädchen hat sein ganzes Leben mit einer alleinerziehenden Mutter gelebt, die ein Alkoholproblem hat. Sie hat zwei ältere Brüder – der eine ist ebenfalls chronischer Alkoholiker und der andere nimmt Drogen. Beide wohnen nicht mehr zu Hause. Auch dieses

Mädchen hat es gut gemacht in der Schule. Trotzdem haben die Behörden irgendwann gemerkt, dass es ihr nicht gut ging, und wollten das damals neunjährige Mädchen in eine Pflegefamilie geben. Was seinerzeit ein bürokratischer Übergriff auf Tochter und Mutter war, der überhaupt nicht vorbereitet wurde. Es gab keinen Dialog und keine Vereinbarung. Also haben Mutter und Tochter folgenden Plan geschmiedet: Nach einem Monat wollte das Mädchen über ihre Mutter erzählen, dass sie nicht mehr trinkt. Und die Mutter wollte das bestätigen, damit ihre Tochter wieder nach Hause zurückkehren könnte. Das hat auch geklappt, und seitdem hat niemand mehr versucht, diesem Mädchen zu helfen. Als die Mutter wieder sehr betrunken war, hat das Mädchen instinktiv gewusst, dass es so nicht weitergeht, und sich an das Jugendamt gewandt: Daraufhin ist die Vierzehnjährige in ein Jugendheim eingezogen, in dem ich drei Monate später Supervision gemacht habe. Da wurde mir gesagt, es gäbe große Probleme mit diesem Mädchen, weil sie immer weglaufe, und das darf man natürlich nicht.

Jetzt komme ich zu den Prinzipien – was können wir daraus lernen? Wir haben hier ein Mädchen, das ohne ihren Vater aufgewachsen ist. Sie ist superverantwortlich für ihre Mutter und auch für ihre beiden Brüder. Sie ist so ein Mädchen, zu dem auch alle ihre Freunde und Freundinnen kommen, um mit ihr über die eigenen Probleme zu reden. Doch wenn dieses Mädchen selbst Hilfe braucht, ist niemand da. Und sie fühlt sich anders als die anderen. Sie fühlt sich schon mit neun Jahren, als wäre sie neunzig.

Dann kommt sie in die Pubertät, ist hübsch und attraktiv und hat Freunde, die zwischen fünfundzwanzig und dreißig sind. Das ist sehr logisch, wenn man sich ihre Geschichte anschaut. Sie ist aber sehr stolz darauf, dass sie noch Jungfrau ist, wie sie sagt. Sie hat sehr schlechte Freunde und Freundinnen, also Erwachsene, die für ihr eigenes Leben überhaupt keine Verantwortung übernehmen. Sie haben ständig Probleme, rufen das Mädchen an und sagen: »Du musst mir helfen.« Und das Mädchen kommt und hilft, oder sie sitzt nur da und hört zu. Nach zwei, drei Tagen kehrt sie wieder in das Jugendheim zurück. Dort wird sie jedes Mal zur Rede gestellt und muss sich rechtfertigen, weil es verboten ist, wegzulaufen.

Ich höre also diese Geschichte und sage zu den Erwachsenen: »Hört mal, dieses Mädchen läuft nicht *weg* – sie läuft *hin*. Es gibt Leute in ihrer Welt, die sagen: ›Ich brauche dich.‹ Und sie läuft hin. Das ist doch nicht verboten, oder?« »Doch, das ist verboten«, haben sie geantwortet. »Das darf man nicht. Und wenn das noch einmal passiert, darf sie nicht mehr hier wohnen.« Darauf habe ich entgegnet: »Das ist unmöglich! Dann kann sie auch gleich heute ausziehen. Das funktioniert so nicht. Sie muss etwas ganz anderes lernen.«

Das Mädchen ist bei diesem Gespräch dabei und fragt interessiert, was sie denn lernen müsse. »Du musst lernen, mit einem guten Gewissen hinzulaufen«, sagte ich ihr. »Das nächste Mal gehst du zu einer der Pädagoginnen und sagst: ›Mein Freund aus Kopenhagen hat gerade angerufen. Ich gehe jetzt zu ihm.‹« Das Mädchen guckt mich mit großer Freude, aber auch ängstlich an und fragt: »Aber werden sie hier nicht böse auf mich sein?«

»Das hoffe ich nicht, es sind ja Fachleute. Warum sollten sie das also persönlich nehmen oder dir böse sein? Ich hoffe aber, dass sie dir raten, lieber hierzubleiben. Gehen musst du trotzdem, wenn du es willst.« »Aber wie mache ich das mit einem guten Gewissen?«, fragt das Mädchen. »Das schaffe ich nicht!« »Ich weiß«, sage ich. »Aber du musst es üben! Und wenn du es zehn Mal gemacht hast, dann schaffst du es mit gutem Gewissen. Und wenn du es mit gutem Gewissen machen kannst, dann bist du hier fertig, denn dann brauchst du keine Hilfe mehr.«

Das Mädchen ist dann weggegangen, und die Pädagoginnen und ich haben drei Stunden darüber diskutiert und am Ende eine Vereinbarung getroffen. Ich habe sie gebeten: »Auch wenn ihr skeptisch seid, macht es bitte wenigstens dieses eine Mal – nur für mich.« Das haben sie getan, und drei Monate später war das Mädchen immer noch in dieser Einrichtung. In den ersten zwei Wochen war sie noch dreimal verschwunden, seitdem nicht mehr. Wenig später hat sie eine Lehre als Frisörin begonnen und mir einen Brief geschrieben.

In dem Brief stand: »Ich möchte gern, dass Sie mir helfen. Ich habe nämlich herausgefunden, dass ich eine Therapie brauche. Ich dachte, dass ich viele Freunde habe, aber ich habe keine Freunde. Ich dachte, ich hätte mit manchen Leuten eine Gemeinschaft, aber die haben mich nur ausgenutzt. Ich dachte, ich hätte bei meiner Mutter ein Zuhause, aber ich habe kein Zuhause. Alles das habe ich entdeckt, und jetzt brauche ich Hilfe. Aber das Jugendamt will nicht dafür zahlen, wenn nicht auch andere Erwachsene sagen, dass das eine gute Idee ist.«

Diese Erkenntnis hatte diese Jugendliche innerhalb von drei Monaten – das ist wirklich blitzschnell. Und warum? Weil sie zum ersten Mal in ihrem Leben ein Geschenk bekommen hatte: Du darfst jetzt für dich verantwortlich sein. Du darfst das machen, was du für richtig hältst. Und du darfst aus deinen Erfahrungen lernen.

Die Pädagoginnen haben natürlich darauf beharrt, dem Mädchen immer schon gesagt zu haben, dass sie keine richtigen Freunde habe und von diesen nur ausgenutzt werde. Was schon richtig ist – all das haben sie dem Mädchen immer wieder gesagt. Aber sie haben es gesagt, ohne Kontakt zu dem Mädchen zu haben! Und dann kommen solche Worte nur aus dem Mund und fallen direkt auf den Boden.

Man kann andere Menschen nicht über ihr Leben belehren! Man kann sie nur begleiten.

Ich könnte fünfhundert solcher Beispiele erzählen. Es ist unglaublich, wie schnell junge Menschen, die viel Schlimmes überlebt haben, manchmal lernen, Verantwortung für sich zu übernehmen. Man sieht und hört es sofort, und man kann es in den darauffolgenden Tagen in der Praxis beobachten.

Sich als wertvoll für andere empfinden

Was für ein Problem haben wir hier? Etwas überspitzt könnte man sagen, dass wir es oft mit Kindern im Alter von sieben bis zwölf zu tun haben, die persönlich reifer sind als die Erwachsenen um sie herum. Und das ist natürlich verwirrend. Was soll ich als Kind damit anfangen, wenn ich so eine Art erwachsenes Kind mit viel Macht vor mir habe? Wie kann ich vor dem Respekt haben? Genauso geht es den Jugendlichen, von denen ich hier erzähle.

Die sind mit Erwachsenen konfrontiert, die keine Verantwortung für sich selbst und für ihr eigenes Verhalten übernehmen. Die nicht zu diesen Jugendlichen kommen und so etwas sagen wie: »Wir beide kennen uns jetzt seit drei Wochen, und ich würde eigentlich gern mit dir zusammenarbeiten. Bis jetzt bin ich mit unserer Zusammenarbeit nicht zufrieden.« Und so etwas zu sagen, ist ja noch einfach. Es ist allenfalls ein bisschen schwierig, weil man in Ich-Sätzen reden muss, doch das kann man lernen.

Aber jetzt kommt das Schwierige, nämlich zu sagen: »Das habe ich jetzt drei Wochen lang versucht – es ist mir nicht gelungen.« Die meisten würden sich lieber umbringen, als das zu sagen. Die würden viel lieber sagen: »An dir beiße ich mir die Zähne aus. Du bist einfach ein hoffnungsloser Fall.« Wenn es ihnen aber doch gelingt zu sagen, dass es ihnen nicht gelungen ist, dann wird es erst so richtig schwierig – denn es muss ein zweiter wichtiger Satz folgen: »Jetzt brauche ich Hilfe. Kannst du mir bitte helfen?«

»Nee«, antworten dann die Jugendlichen. Oder: »Weiß ich nicht«, denn die sind ja clever. Doch wenn sie fragen: »Wie kann ich dir helfen?«, lautet die Antwort: »Du kannst mir sagen, was ich falsch mache. Ich versuche, eine Beziehung mit dir aufzubauen, und es gelingt mir nicht – was mache ich falsch?«

Wenn sie uns ein bisschen vertrauen, sagen die Jugendlichen uns irgendetwas dazu – oft in codierter Form. Wir müssen die Botschaft also noch übersetzen.

Doch es fängt immer damit an, dass ich als Erwachsener sage: »Ich habe es versucht. Es ist mir nicht gelungen. Ich brauche deine Hilfe.« Ich kann Ihnen versprechen: Das funktioniert jedes Mal.

Warum? Wenn man in der gleichen Situation wie die meisten dieser »schwierigen« Jugendlichen ist, trägt man eine große Frustration und eine große Sehnsucht in sich. Diese resultieren aus einem allgemeinen Bedürfnis, das Menschen jeden Alters und jeder Kultur teilen: »Ich möchte mich als wertvoll für jemand anders erleben.«

Dabei geht es nicht darum, sich selbst im Spiegel zu bewundern und sich zu sagen, wie großartig und fantastisch man doch ist – dieses Gefühl hält nur circa fünfzehn Minuten an. Aber ich muss mich als Jugendliche (und als Mensch) unbedingt als wertvoll für andere erleben – insbesondere für die Menschen, die ich liebe und die mich lieben.

Über das Wesentliche sprechen

Ich habe einmal einen fünfjährigen »kriminellen« Jungen kennengelernt. Er lebte mit seinen Eltern und seiner sechs Monate alten Schwester in einem Dorf. Der Vater war damals auf einer Geschäftsreise. Als die Nachbarinnen den Jungen eines Tages nach Hause begleitet haben, hatte der Junge die ganze Zeit einen Stein in der Hand und hat den Lack mehrerer Autos zerkratzt.

Seine Mutter stand anschließend unter Schock und konnte gar nicht reden. Ihre Schwester, eine Psychologin, hat mich angerufen und gefragt, ob ich helfen könne. Ich habe gesagt: »Ja, aber ich muss unbedingt mit Ihrer Schwester sprechen.« Die Mutter des Jungen kam ans Telefon, und ich habe zu ihr gesagt: »Wenn Sie Ihre Sprache wiedergefunden haben, dann sagen Sie Ihrem Sohn etwas in der Art: ›Ich habe noch nie so viel Lust gehabt, dich zu schlagen – aber das tue ich nicht. Ich will aber unbedingt wissen, warum und auf wen du so wütend bist!‹ Ihr Sohn wird höchstwahrscheinlich sagen: ›Weiß ich nicht.‹ Dann sagen Sie ihm: ›Gut. Denk darüber nach, und wenn du es weißt, sagst du es mir.‹«

Reden Sie nicht über die Autos und die Nachbarinnen und all das – das weiß er alles selbst. Er weiß, dass er etwas Furchtbares getan hat, das brauchen Sie ihm nicht zu sagen. Dieser Punkt ist für die meisten Eltern sehr schwierig, denn wenn sie nicht immer und ewig dieselben Dinge wiederholen und dieselben Ermahnungen aussprechen dürfen, fühlen sie sich quasi arbeitslos.

Am nächsten Morgen um halb sechs kam der Junge ins Schlafzimmer seiner Mutter und sagte: »Jetzt weiß ich es.«

»Was weißt du?«

»Warum ich so wütend bin.«

»Und warum?«

»Ich bin wütend auf dich.«

»Warum?«

»Du schreist mich immer an.«

Seine Mutter hat genauso reagiert, wie neunundneunzig Prozent aller Erwachsenen auf so eine Aussage reagieren: »Das stimmt nicht! Ich schreie dich nie an! Ich schreie niemanden an!« Aber der Junge ist stark, also hat er gesagt:

»Doch. Jedes Mal, wenn du mit meiner kleinen Schwester dasitzt, schreist du mich an.« Die Mutter hat nachgedacht und sich gesagt: *Es stimmt nicht, dass ich laut schreie. Aber es ist wahr, dass man an meiner Stimme hört, dass ich ihn am liebsten wegschicken würde und meine Ruhe haben will.* Also hat sie zu dem Jungen gesagt: »Du hast recht, und es tut mir leid. Ich versuche, das nicht mehr zu tun. Es wird nicht einfach sein, aber ich versuche es.«

Das war's! Ich habe am nächsten Tag die ganze Familie getroffen, aber es war nicht mehr nötig, über die Sache zu sprechen. Die hatte sich erledigt. Aber die Erwachsenen waren immer noch sehr nervös und verkrampft, weil sie ihrem Sohn doch unbedingt noch eine Standpauke halten und ihn irgendwie erziehen wollten. Doch der Grund, warum Eltern darauf verzichten sollten, ist ganz einfach: Der Junge wird es nie wieder tun!

Bei Kindern hingegen, die sich diese Erwachsenensprüche drei Wochen lang jeden Tag anhören müssen, sieht es anders aus. Diese Kinder müssen sich das Vertrauen der Eltern ihr Leben lang verdienen. Deshalb tun sie es noch ein, zwei oder fünf Mal.

Das Smartphone als Familienmitglied?

Es gab eine Umfrage des dänischen Fernsehens, die mit tausendsechshundert Dreizehnjährigen und einer vergleichbaren Gruppe von Eltern durchgeführt wurde. Neben anderen Experten wurde auch ich von Hunderten von Eltern zu meiner Einschätzung gefragt, wie sich die Benutzung von Smartphones und Tablets auf die Sozialkompetenzen und die Hirnentwicklung von Kindern auswirkt. Weil Hirnforscher aus verschiedenen Ländern immer noch extrem unterschiedliche Resultate, Meinungen und Empfehlungen veröffentlichen, habe ich mich bis jetzt mit meiner Erfahrung, die auf der Natur und Qualität von Familienbeziehungen basiert, zurückgehalten. Die überwältigende Einmütigkeit der dänischen Jugendlichen und Eltern haben mich jetzt aber inspiriert, doch etwas dazu zu schreiben.

Ich nenne die elektronische Hardware »Familienmitglieder«, weil sie extrem viel Aufmerksamkeit auf sich zieht und die Kultur von Familien auf eine Art und Weise verändert, die für die auf Liebe basierenden

Beziehungen zwischen Erwachsenen, Geschwistern, Eltern und Kindern ungesund ist.

Die Umfrage kam zum Schluss, dass eine Mehrheit der Schulkinder ihre Eltern vermisste und mehr ungestörte Zeit mit ihnen verbringen wollte. Dasselbe galt für die Eltern, und ich bin sicher, dass wir von Partnern ähnliche Antworten erhalten würden. Da wir bald an einem Punkt angelangt sind, an welchem es einer Mehrheit der jungen Erwachsenen nicht mehr möglich sein wird, die Familienerfahrung in der Zeit vor und nach der Einführung von Smartphones zu vergleichen, wurde diese Umfrage zur richtigen Zeit durchgeführt.

Aus verschiedenen Gründen hat sich eine Mehrheit der Erwachsenen selbst davon überzeugt, dass ihr Leben dem Takt von E-Mails, Nachrichten, Posts und Textmeldungen folgen muss: Arbeitgeber, Freunde und Geschäftspartner scheinen glücklich darüber zu sein, dass wir rund um die Uhr erreichbar sind. All diese Faktoren sind zu einer Tatsache geworden, die ein so schwerwiegendes Problem darstellt, dass wir unsere Denkweise ändern müssen.

Der Umgang mit Handys

Vor zehn Jahren empfand die Mehrheit der Erwachsenen die Benutzung von Handys bei privaten Treffen und während des Essens als störend. Heutzutage ist dies kaum noch so und betrifft vor allem Leute, denen es peinlich ist, einen Kommentar abzugeben, weil sie das uncool und altmodisch finden.

Jede tiefe Freundschaft oder Liebesbeziehung braucht Kontinuität und ungestörte Zweisamkeit, um belastbar zu sein und all ihre potenziellen Nuancen und Stärken zu entwickeln – so wie Pflanzen Dünger brauchen. Das ist nichts Neues.

Langjährige Paare werden einsam und unglücklich, wenn sich bei ihnen das Gefühl von Leere und fehlender Bedeutung einschleicht. Wir funktionieren sehr gut, aber wir leben nicht, sagen sie dann. Es ist nicht so wichtig, was die fehlende Kontinuität und gestörte Zweisamkeit verursacht. Bevor es Smartphones gab, konnten es der Fernseher, Arbeitsstress, Perfektionismus, Verpflichtungen außerhalb der Kernfamilie, Hobbys etc. sein. All diese Faktoren – einschließlich der heutigen Smartphones und Tablets – sind nicht die wahren Gründe für den Verlust von Intimität und Bedeutung unserer tiefen Beziehungen. Die wahre Ursache befindet sich in unseren Köpfen, was eine gute Neuigkeit ist, weil wir in der Lage sind, unser Verhalten zu ändern. Das sieht man vor allem dann, wenn jemand in einer Partnerschaft eine Krebsdiagnose erhält oder von einer anderen existenziellen Krise betroffen wird. Werden wir mit dem Tod konfrontiert, treffen wir oft die klügsten Entscheidungen.

In den wenigen Stunden, die Kinder täglich mit ihren Eltern verbringen, kommt es immer öfter zu folgender Situation: Kinder möchten ihren Eltern eine Frage stellen, wollen ihnen etwas erzählen oder auf etwas antworten, das die Eltern gerade gesagt haben. Und was bekommen sie zu hören? »Entschuldige, mein Schatz, da muss ich rangehen.« Oder: »Entschuldige, aber ich habe gerade eine Nachricht von einer Kollegin bekommen, die ich gleich beantworten muss. Es dauert nur eine Minute, versprochen.« Oder: »Warte mal kurz, ich muss nur schnell …« Oder: »Oh nein, ich habe vergessen, das Handy auszuschalten. Jetzt muss ich rangehen.«

Dieses Verhalten frustriert die Kinder binnen kurzer Zeit. Doch im Gegensatz zu dem, was viele Erwachsene glauben, fühlen sich die Kinder nicht zurückgewiesen. Denn Kinder verarbeiten ihre Emotionen nicht auf intellektuelle Weise. Wenn ihre Eltern sie zurückweisen, fühlen sie sich einfach traurig, enttäuscht oder wütend. Was Kinder jedoch immer tun: Sie beginnen, mit der Verhaltensweise der Erwachsenen zu kooperieren (sich anzupassen). Zuerst nehmen sie sich in der Hoffnung zurück, dass sich die Situation wieder ändert. Mit etwa drei Jahren fangen die Kinder dann an, das Verhalten der Erwachsenen zu kopieren, und fokussieren sich auf ihre eigenen Bildschirme – ein Tablet, den Fernseher, später das eigene Smartphone.

Wenn Kinder aus der erwähnten Umfrage sagen, dass sie ihre Eltern »vermissen«, ist dieses Gefühl ein Cocktail aus verschiedenen emotionalen Reaktionen und prägenden Erfahrungen: Zum einen fühlen sie sich hilflos, weil sie viele Geschichten und Emotionen, die sie mit ihren Eltern teilen möchten, unter diesem Zeitdruck nicht ausdrücken können. Sie brauchen ein Gefühl von Sicherheit, Intimität, Diskretion sowie aktive, unterstützende Empathie. Auch wenn sie sich in diesem frühen Stadium hilflos fühlen, vertrauen sie immer noch darauf, dass es ihre Eltern am besten wissen, und folgen deren Führung.

Zum anderen wird jedes Mal, wenn ein Elternteil den Kontakt zum Kind abbricht – und sei es auch nur für eine oder zwei Minuten –, der kindliche Fluss des Bewusstseins gestört. Die Gedanken des Kindes schweifen ab. Wenn die Eltern dann irgendwann den Faden wieder aufnehmen wollen, zeigt das Kind kein Interesse mehr, und die Eltern sind von seinem vermeintlich »schlechten Kurzzeitgedächtnis« frustriert.

Das Kind macht die sehr präzise Beobachtung: *Etwas anderes ist meinen Eltern wichtiger als ich.* Das nimmt dem Kind sein wachsendes und verletzliches Selbst(wert)gefühl sowie die Gewissheit, wertvoll für das Leben der Eltern zu sein. Ganz gleich wie oft die Eltern »Ich hab dich lieb« sagen, sich entschuldigen und romantische Versprechungen für die Zukunft machen – der Schaden ist bereits entstanden. In den frühen Jahren entscheiden sich Kinder, den Worten ihrer Eltern zu glauben. Dies führt sie irgendwann zu einem Punkt, an dem sie beginnen, ihre eigenen Gefühle anzuzweifeln, wodurch abermals ein großer Teil ihres Selbst(wert)gefühls verloren geht.

Kinder fühlen sich jedes Mal einsam, wenn Eltern sich entscheiden, ihren Smartphones den Vorzug zu geben, und für viele Kinder definiert diese Einsamkeit ihre Existenz auch in anderen sozialen Kontexten.

Die häufigste Auswirkung für Kinder vor der Pubertät ist ein genereller Verlust von Vertrauen sowie die schwindende Hoffnung, dass sich irgendein Erwachsener Zeit nehmen wird, um ihnen zuzuhören und ihnen dabei zu helfen, zum Ausdruck zu bringen, wie es ihnen geht und wer sie sind.

Sobald die Pubertät einsetzt, werden sich diese Kinder generell vom Familienleben zurückziehen und sich Nähe, Wertschätzung und Verständnis anderswo suchen, was die Attraktivität sozialer Netzwerke zusätzlich steigert. Wir wissen von Hotlines für Kinder zwischen sechs und sechzehn Jahren, dass viele Kinder zu dem Schluss gekommen sind, dass ihre Eltern einfach keine Zeit für sie haben. Dies ist nicht unbedingt die objektive Wahrheit, aber die Erfahrung und Schlussfolgerung der Kinder.

Antidepressiva

Psychologinnen, die mit jungen Leuten zwischen sechzehn und fünfundzwanzig Jahren arbeiten, berichten von einer rasch wachsenden Zahl junger Menschen, die depressiv sind, unter Angst leiden, eine soziale Phobie haben und selbstzerstörerisch handeln.

Meist sprechen die Betroffenen von einem Gefühl der Entfremdung von ihren Eltern, seit sie sehr jung waren. Diese Isolation hat sie der Möglichkeit beraubt, zu fühlen und auszudrücken, was in ihrer Seele vor sich geht. Wir sind bereits an einem Punkt angelangt, an dem viele dieser jungen Leute selber Eltern werden und diese Schwierigkeiten höchstwahrscheinlich an ihre Kinder weitergeben werden, was zu einem erschreckenden Anstieg von Kindern und Erwachsenen mit schwerwiegenden psychischen Erkrankungen führen wird. Diesen jungen Leuten Antidepressiva zu verschreiben, ist jedoch unsinnig.

Medikamente sind ein mangelhafter Ersatz für Beziehungen, und Beziehungen, die unter dem Einfluss von Antidepressiva entstehen, sind oberflächlich und kurzlebig.

Einsamkeit und Trauer mögen aussehen und sich anfühlen wie eine Depression, aber sie sind es nicht. Antidepressiva tun nichts anderes, als das Unbehagen auszugleichen, und sie verhindern, dass die Patientin die Situation auf eine gesunde Weise bewältigt. Kinder und junge Erwachsene berichten, dass sie sich durch die Medikamente besser fühlen, aber das beweist keineswegs, dass es ihnen auch besser geht.

Die Natur von persönlichen Beziehungen

Eine persönliche Beziehung ist eine Art des Zusammenseins, in der wir unsere Gedanken, Gefühle, Erfahrungen und Träume mit jemandem teilen – im Hier und Jetzt. Unsere Leben als Partner und Familienmitglieder wären ohne Zweifel einfacher, würden unsere Bedürfnisse synchron verlaufen, aber das tun sie nicht. Einer der besten Wege, um die eigene innere Uhr kennenzulernen, ist ein dreiwöchiger Familienurlaub mit keinerlei Planungen im Vorfeld. Die jeweilige Tagesplanung findet erst am Morgen statt, und es sollte auch Tage geben, an denen gar nichts geplant wird. Das Geheimnis besteht darin, zusammen und frei zu sein, um der inneren Uhr zu folgen. Ein solches Erlebnis macht es Erwachsenen und Schulkindern leichter, sich an die unnatürlicheren Rhythmen des Alltags anzupassen. Außerdem wissen wir inzwischen, dass unser Gefühl von Einsamkeit nicht von anderen, sondern von unserer eigenen Lebensweise verursacht wird.

Es liegt in der Natur von Beziehungen, dass sie wie ein Pendel zwischen Nähe, Verschmelzung und Trennung hin- und herschwanken. Wenn unser Bedürfnis nach Nähe befriedigt ist, brauchen wir mehr Distanz, und wenn dieses Gefühl wiederum befriedigt wurde, suchen wir wieder die Nähe.

Emotionale und intellektuelle Intimität braucht in der Regel zwei bis drei Stunden des Zusammenseins, um zu wachsen und zu erblühen. Dieser Aspekt einer Beziehung braucht die Art von Stille und Leere, in der das »Einander-auf-den-neuesten-Stand-Bringen« von einem angenehmen Schweigen gefolgt wird. An diesem Punkt hören wir uns selbst Dinge sagen, die wir nie zuvor gesagt haben. Manchmal auch Dinge, von denen wir nicht einmal wussten, dass sie in uns schlummern. Geschieht dies in der Beziehung zu einem einzelnen Kind (mit mehreren Kindern gleichzeitig funktioniert es nicht), gewährt uns das oft neue Einblicke und ermöglicht wunderbare neue Entwicklungen.

Die heutige Lebensweise macht es der Natur von Beziehungen extrem schwierig, sich zu entfalten und zu gedeihen. Jedoch können wir Inseln des Zusammenseins erschaffen, die es uns ermöglichen, unsere Beziehungen neu zu starten, vorausgesetzt, wir bringen unsere Smartphones nicht mit auf die Insel. Wenn wir das tun, wird unsere Familie zu einem Archipel von separaten Inseln, auf denen nur noch elektronisch kommuniziert wird.

Damit Beziehungen eine substanzielle Nähe entwickeln, müssen wir so viel Zeit wie möglich von Angesicht zu Angesicht miteinander verbringen. Wir müssen nicht immer Gespräche führen, aber eine Reihe verschiedenster Dinge tun: zusammen spielen und arbeiten, tanzen und uns bewegen, kuscheln und Liebe machen, weinen und uns trösten, kochen und zusammen essen, uns mit dem Musikgeschmack des andern vertraut machen und, und, und. Wir brauchen Kunst und Märchen und die Möglichkeit, alleine zu sein.

Dies ist der Hauptgrund, warum so viele Fernbeziehungen scheitern und warum es für Kinder so schwierig ist, jede Woche das Zuhause zu wechseln. Für gewisse kurze Momente hoffen wir, dass Skype und WhatsApp die physische Distanz zu kompensieren vermögen, aber das können sie nicht. Sie sind wertvolle Hilfsmittel, aber für Beziehungen zu Menschen, die wir lieben und auf die wir uns verlassen, sind sie ein kümmerlicher Ersatz. Es gibt einen tiefen Grund, warum unser Kopf auf der Brust des anderen ruht – das Gefühl der Haut und das Geräusch des Herzschlags sind die ultimative Erfahrung, dass man nicht allein ist. Wir können unsere Smartphones benutzen, um den Herzschlag eines anderen Menschen aufzuzeichnen und abzuhören – einen Menschen aus Fleisch und Blut kann das nicht ersetzen.

Wir brauchen eine neue Lebensweise

In den letzten Jahren hat es in einigen Ländern Experimente gegeben, in denen Kindern verboten wurde, ihre Smartphones in der Schule zu benutzen. Familien haben ausprobiert, für eine Woche oder einen Monat komplett auf ihre Smartphones zu verzichten. Die positiven Rückmeldungen aller Altersgruppen waren überwältigend. Die Lernkurven in der Schule zeigten steil nach oben. Eltern und Kinder waren begeistert darüber, was sie auf einmal zusammen unternommen haben. Diese Erfahrungen sowie das wachsende Bewusstsein, dass unser Lebenstempo und unsere Prioritäten uns nicht guttun, machen mir Hoffnung, dass eine grundlegende Änderung unserer Lebensweise möglich ist.

Natürlich muss jede Familie ihre eigene Kultur entwickeln und ihre eigenen Regeln kreieren, doch denken Sie daran, dass es bei diesem Projekt nicht darum geht, die Kinder vor möglichen Hirnschäden zu schützen. Es geht vielmehr darum, eine bessere Qualität des Familienlebens zu erreichen, mehr Nähe und Intimität herzustellen. Es geht darum, uns selbst für unsere Nächsten zugänglich und verfügbar zu machen, während wir für den Rest der Welt nicht erreichbar sind.

Warten Sie nicht auf einen neuen Trend, der von unserem Leidensdruck erzeugt wird. Verschwören Sie sich mit Ihren Kindern und anderen Familien in Ihrer Umgebung und entscheiden Sie sich für ein zweiwöchiges Experiment. Ziehen Sie danach ein erstes Fazit, nehmen Sie gewisse Anpassungen vor, falls dies nötig sein sollte, und informieren Sie alle darüber, dass drei Monate die Mindestdauer für diese Testphase sind. Teilen Sie Ihre Erfahrungen auf Facebook oder anderen sozialen Netzwerken und helfen Sie mit, eine neue und nachhaltige Bewegung zu schaffen.

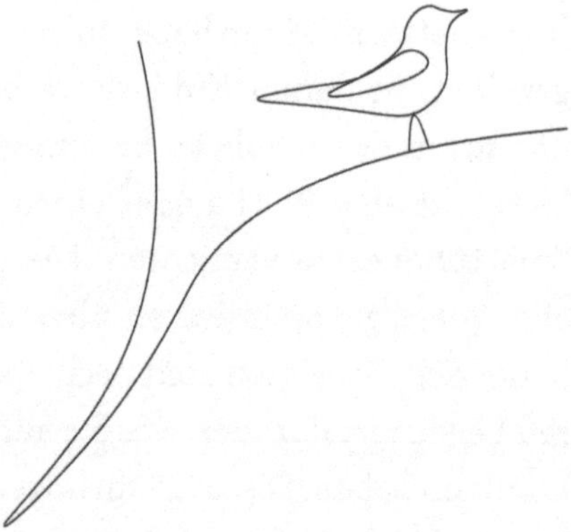

Meine Empfehlungen

Das gesamte Morgenritual ist eine telefonfreie Zeit. Das gilt ebenfalls eine halbe Stunde vor dem Abendessen, bis die Kinder ins Bett gehen. Basteln Sie eine originelle Schachtel und stellen Sie diese in den Eingangsbereich. Dort kann jeder sein

Smartphone während der telefonfreien Zeit deponieren und aufladen.

Alle Smartphones werden von der Schlafenszeit bis zum Arbeits- oder Schulweg am nächsten Tag ausgeschaltet.

Alle Mahlzeiten sind telefonfreie Zeit. Dies gilt auch für Mahlzeiten in Restaurants und für die Wartezeit, bevor das Essen serviert wird. (Diese Minuten sind perfekt für die Bildung von Kontakt und Nähe nach einer Zeit des Getrenntseins). Falls Sie es erlauben, dass Smartphones und Tablets während der Wartezeiten genutzt werden, lautet die implizite Botschaft: Wir haben uns nur versammelt, um zu essen und unsere Körper mit Nährstoffen zu versorgen, nicht aber unsere Herzen und unsere Seelen.

Eltern und Paare können bestimmte Zeitfenster vereinbaren, in denen Smartphones und Tablets benutzt werden dürfen.

Informieren Sie Ihre Freunde und Verwandten, Kollegen und Arbeitgeber darüber, dass Sie nicht mehr jederzeit erreichbar sind, und helfen Sie den Kindern, falls nötig, das Gleiche zu tun.

Anhand der Berichte von Familien, die Ähnliches getan haben, wissen wir, wie wichtig es ist, dass die Eltern die Führung übernehmen und vor allem in den ersten drei Monaten gewisse Anpassungen vornehmen. Nach zwei, drei Monaten werden die Kinder die überzeugtesten Botschafter sein und ihre Freunde dazu inspirieren, die elektronischen Karten in ihren Familien neu zu mischen.

An manchen Schulen, in denen ein striktes Smartphoneverbot herrschte, sahen die Kinder darin viele Vorteile, schlugen jedoch vor, während der großen Mittagspause Zugang zu ihren Smartphones zu erhalten, um innerhalb der sozialen Netzwerke Schritt halten zu können. Als die Schulen sich damit einverstanden erklärten, wurde der Unterschied zwischen Handyzeit und Lernzeit für die Kinder sogar noch plausibler.

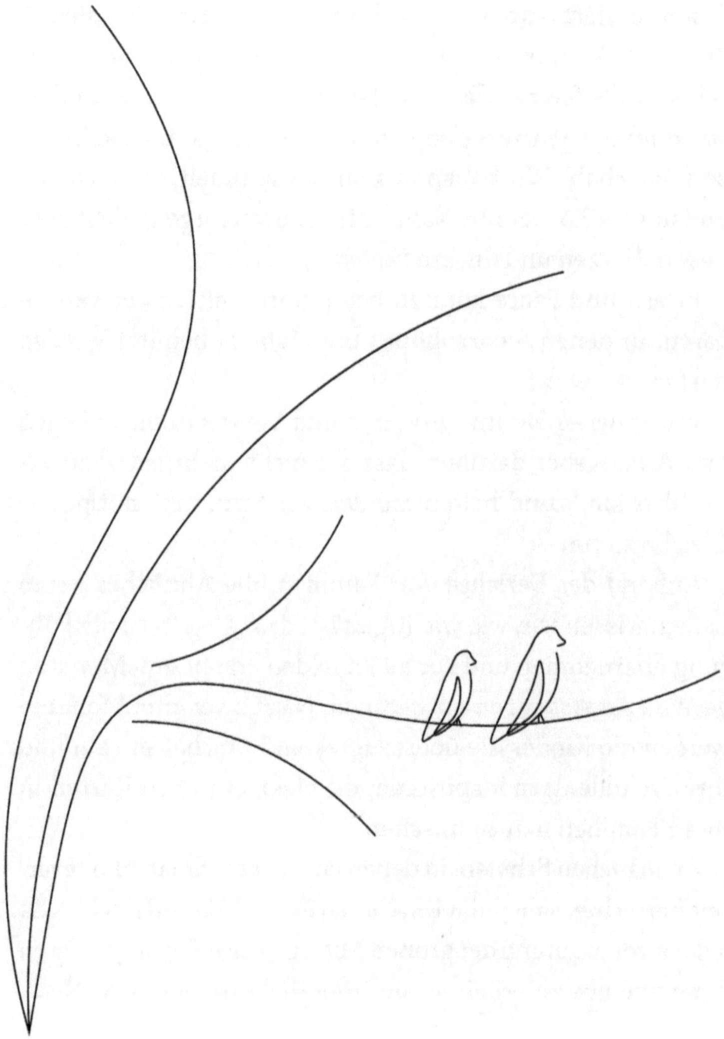

Danksagung von Mathias Voelchert

Mein besonderer Dank geht an Knut Krüger, der die redaktionelle Bearbeitung der verschriftlichten Texte übernommen hat. Lieber Knut Krüger, Sie haben mit Ihren Übersetzungen ins Deutsche immer den richtigen Ton getroffen und das, was zwischen den Zeilen rüberkommen sollte, zu transportieren gewusst. Damit waren Sie immer sehr nah an dem, was Jesper Juul, auch in seinem Deutsch, gesagt hat und welche Stimmung er damit geschaffen hat. Wenn ich Ihre Übersetzungen, oder jetzt Ihre Bearbeitung dieses besonderen Buches *Es gibt keine unerreichbaren Jugendlichen* lese, dann höre ich Jesper Juul sprechen. Danke für diese Herzenswärme, mit der Sie Jesper Juul, auch für spätere Generationen, erlebbar gemacht haben.

Nuka Matthies hat die Basis für dieses Buch gelegt. Sie hat mit großer Akribie und Kenntnis das gesprochene Wort lesbar verschriftlicht. Liebe Nuka, dafür danke ich dir!

Liebe Frau Bitz, Ihnen möchte ich für Ihre guten Ideen im gemeinsamen Austausch danken, es war immer eine Freude, mit Ihnen und dem Kösel-Verlag zusammenzuarbeiten, und so wird es auch in der Zukunft bleiben.

Lieber Jesper, dir danke ich dafür, dass es für dich immer selbstverständlich war, dass wir deine öffentlichen Auftritte per Audio mitschneiden oder filmen konnten. Heute wird uns umso bewusster, welcher Schatz in deinen präzisen Formulierungen steckt. Dabei war es deine große Leistung, in einer für dich fremden Sprache komplizierte Zusammenhänge, wie z. B. die in Beziehungen, so verständlich zu beschreiben.

Lieber Claus Vester, Sie haben die Vertonung der Werke, die ich für Jesper Juul herausgebracht habe, übernommen. Ihr Herzblut als Sprecher und Regisseur hat aus den vielen Büchern, wie auch aus diesem hier, Hörbücher werden lassen. Hörfassungen von ganz besonderer Qualität und Intensität. Dazu haben Sie große und kleine Persönlichkeiten als Sprecherinnen und Sprecher eingeladen, um die einzelnen Texte mit frischem, akustischem Leben zu gestalten. Jedes Mal ein Hörerlebnis, Danke dafür!

Last but not least, danke ich meiner Frau Eleonore d'Harnoncourt, die mir den Rücken freigehalten hat, um die vielen Buchprojekte, wie auch dieses hier, zu realisieren. Und das alles neben unserer täglichen, hohen Leistung für familylab. Liebe Eleonore, ohne dich hätte ich es nicht geschafft. Denn niemand schafft es allein besser.

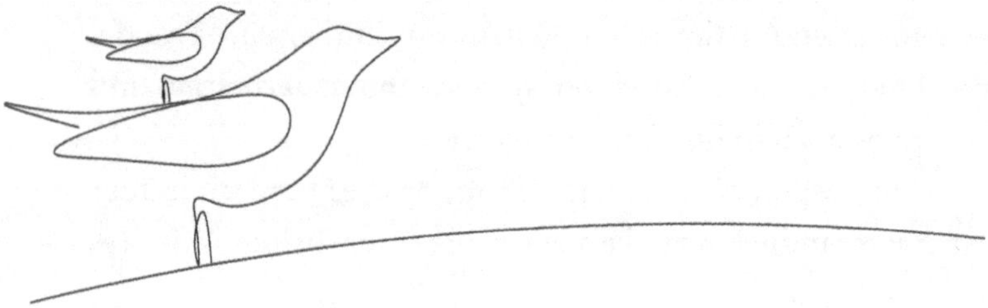

Anhang

Buchtipps

Hannsjörg und Eva-Mariele Bachmann: *Familien leben. Wie Kinder und Eltern gemeinsam wachsen. Ein Grundlagenbuch*. München 2019

Frank und Gundi Gaschler: *Ich will verstehen, was du wirklich brauchst. Gewaltfreie Kommunikation mit Kindern*. München 2020

Jesper Juul: *Aus Erziehung wird Beziehung. Authentische Eltern – kompetente Kinder*. Hrsg. v. Ingeborg Szöllösi. Freiburg 2005

Jesper Juul: *Dein kompetentes Kind. Auf dem Weg zu einer neuen Wertegrundlage für die ganze Familie*. Reinbek 2009

Jesper Juul: *Dein selbstbestimmtes Kind. Unterstützung für Eltern, deren Kinder früh nach Autonomie streben*. München 2020

Jesper Juul: *Die kompetente Familie. Neue Wege in der Erziehung*. Weinheim 2017

Jesper Juul: *Frag Jesper Juul – Gespräche mit Eltern*. Weinheim 2012

Jesper Juul: *Grenzen, Nähe, Respekt. Wie Eltern und Kinder sich finden*. Reinbek 2004

Jesper Juul: *Nein aus Liebe. Klare Eltern, starke Kinder*. München 2008

(auch als Hörbuch erhältlich)

Jesper Juul: *Unser Kind ist chronisch krank. Ein Ratgeber für Eltern*. Weinheim 2014

Jesper Juul/Helle Jensen: *Vom Gehorsam zur Verantwortung. Für eine neue Erziehungskultur*. Weinheim 2017

Jesper Juul: *Was gibt's heute? Gemeinsam essen macht Familie stark*. Weinheim 2016

Mathias Voelchert/Andrea Kästle: *Ich geh' aber nicht mit zum Wandern*. München 2015

Mathias Voelchert: *Liebevolle elterliche Führung. Das Praxisbuch*. Weinheim 2017

Mathias Voelchert: *Chancen verlieben sich. Wie Partner sich immer wieder neu entdecken können*. Oberbucha 2014

Mathias Voelchert: *Trennung in Liebe ... damit Freundschaft bleibt*. München 2019

Mathias Voelchert: *Zum Frieden gehören zwei, zum Krieg reicht einer. Wie Paare Konflikte in Liebe lösen*. München 2016

Anmerkungen

1 Anmerkung des Verlags: Gemeint ist der gewaltsame Tod von Dominik Brunner, der sich 2009 in München ereignete. Vgl. dazu https://taz.de/Gewaltkriminalitaet-in-Muenchen/!5156223/ (Abruf am 16.03.2020)

2 »So fühlt man Absicht, und man ist verstimmt«, aus: Johann Wolfgang von Goethe: *Torquato Tasso*, 1807. 2. Akt, erster Auftritt

Der Autor

Jesper Juul, 1948-2019, in Dänemark geboren, war Lehrer, Familientherapeut, Konfliktberater und Autor. Er gehört zu den großen Impulsgebern für eine Pädagogik der Zukunft. Als einer der innovativsten Familientherapeuten Europas unterstützte er mit seiner 2004 gegründeten Familienwerkstatt »familylab« Eltern dabei, eine authentische Führungsrolle in der Familie einzunehmen.

1972 schloss Jesper Juul sein Studium der Geschichte, Religionspädagogik und europäischen Geistesgeschichte ab. Statt die Lehrerlaufbahn einzuschlagen, nahm er eine Stelle als Heimerzieher und später als Sozialarbeiter an und bildete sich in Holland und den USA bei Walter Kempler zum Familientherapeuten weiter. Lange Jahre war er Leiter des von ihm gegründeten »Kempler Instituts Skandinavien«. Kempler gehörte zu denjenigen Mitarbeitern von Fritz Perls, die die Gestalttherapie seit Mitte der siebziger Jahre nach Europa brachten. Jesper Juul entwickelte daraus eine eigenständige Therapie- und Beratungsform: Kurzzeitinterventionen mit der ganzen Familie, handlungsorientiert und praxisnah. Ziel der Arbeit war und ist es, die Eltern bei der Suche nach neuen Wegen in der Erziehung zu unterstützen und nicht, sie in ihrem Versagen zu bestätigen, was ihnen, so Jesper Juul, jedoch leider regelmäßig widerfahre.

Jesper Juul war Autor von etwa 20 Büchern, die in viele Sprachen übersetzt wurden.

familylab – die Familienwerkstatt

Familylab bietet Eltern wertvolle Inspiration und Beratung. Wir ermuntern Eltern, gemeinsam zu erforschen: Wer sie sind und was sie sich wünschen – bezogen auf ihre Familie im Allgemeinen ebenso wie auf aktuelle Konflikte, die sie erfahren. Familylab gibt es mittlerweile in 22 Ländern weltweit. Die Länderleiterinnen aller familylab-Länder haben sich in der familylab Association, dem familylab-Verein, zusammengeschlossen. Mehr Infos auf familylabassociation.com.

Was Sie von familylab erwarten können

Wir bieten Ihnen Beratung, Vorträge und Workshops durch qualifizierte Fachleute in Ihrer Nähe. Im Internet finden Sie umfangreiche Informationen rund um das Zusammenleben in der Familie, Videos, Downloads, Interviews, Veranstaltungshinweise, den familylab-newsletter und vieles mehr.

familylab für Familien, Kitas und Schulen

Wir bieten Inspiration, Vorträge und Workshops für Eltern, aber auch für Firmen und ihre Mitarbeiterinnen sowie für Schulen, Leitungsteams und Lehrerinnen sowie für Kitas und ihre Leitungen an. Das Programm für die Lehrerinnen heißt: *Das wird Schule machen. Teil 1* und *Teil 2*. Es befähigt teilnehmende Lehrkräfte zur Weitergabe der Inhalte an ihre Kolleginnen und Kollegen. Denn unser Schulsystem kann nur so gut sein wie seine Lehrerinnen und Lehrer! Das Programm für die Kitas heißt: *Kita kann das* und besteht auch aus zwei Modulen. Alle Infos dazu auf der familylab.de-Seite.

Weiterbildung zur familylab-Seminarleiterin/zur familylab-Familienberaterin

Wenn Sie Eltern mögen und wenn Sie mithelfen wollen, dass die Beziehungen von Eltern und ihren Kindern noch besser werden, dann beachten Sie unser Weiterbildungsangebot zur familylab-Seminarleiterin/zum familylab-Seminarleiter und zur familylab-Familienberaterin/zum familylab-Familienberater. Wir suchen Fachleute mit fünf Jahren Berufserfahrung, die sich für ein außergewöhnliches Projekt für Eltern in Deutschland engagieren wollen. Wir bieten Ihnen ein intensives, acht- bzw. 16-tägiges Training mit einem zertifizierten Abschluss durch familylab.de sowie fortlaufende qualifizierende Weiterbildungen.

Mehr Informationen im Internet

www.familylab.de – familylab Deutschland GmbH
E-Mail: info@familylab.de
Tel: 0157 39602434 (Sie erreichen die familylab-Leiterin Heidy de Blum)
Für Österreich: www.familylab.at
Für die Schweiz: www.familylab.ch

Postanschrift

familylab Deutschland GmbH
Düsseldorfer Str. 9a
97437 Haßfurt
Ansprechpartnerin: Heidy de Blum (Leiterin familylab Deutschland ab dem 1.1.2023)